CW01665820

Sumit Patil

Usinage Cryogénique

Pour les matériaux durs de la machine

Éditions universitaires européennes

Imprint
Any brand names and product names mentioned in this book are subject to trademark, brand or patent protection and are trademarks or registered trademarks of their respective holders. The use of brand names, product names, common names, trade names, product descriptions etc. even without a particular marking in this work is in no way to be construed to mean that such names may be regarded as unrestricted in respect of trademark and brand protection legislation and could thus be used by anyone.

Cover image: www.ingimage.com

Publisher:
Éditions universitaires européennes
is a trademark of
International Book Market Service Ltd., member of OmniScriptum Publishing Group
17 Meldrum Street, Beau Bassin 71504, Mauritius

Printed at: see last page
ISBN: 978-613-9-53372-5

Copyright © Sumit Patil
Copyright © 2020 International Book Market Service Ltd., member of OmniScriptum Publishing Group

Cher lecteur,

le livre que vous tenez entre vos mains a été publié à l'origine sous le titre **"Cryogenic Machining"**, ISBN **978-613-8-91442-6**.

Sa publication en français a été rendue possible grâce à l'utilisation de l'Intelligence Artificielle dans le domaine linguistique.

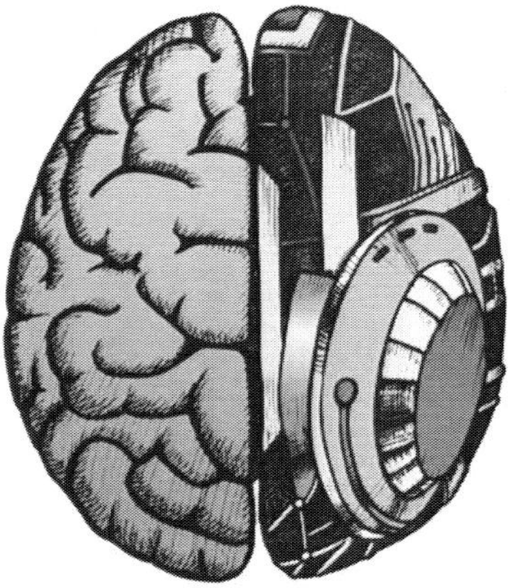

Cette technologie, qui a été récompensée par le premier prix honorifique d'Intelligence Artificielle à Berlin en septembre 2019, se rapproche au fonctionnement du cerveau humain. Elle est donc apte de capturer et de transmettre les plus infimes nuances d'une manière jamais atteinte auparavant.

Nous espérons que ce livre vous plaira et nous vous demandons de bien vouloir tenir compte de toute anomalie linguistique qui aurait pu survenir au cours de ce processus.

Bonne lecture à vous !

Éditions universitaires européennes

Contenu

CHAPITRE 1 : INTRODUCTION

1.1 Cryogénie

La cryogénie est la science et la technologie de la conception et du développement de systèmes et de composants qui produisent, maintiennent, mesurent et utilisent des températures très basses. C'est une technologie importante appliquée dans divers domaines comme l'usinage, l'industrie automobile, la technologie spatiale, etc.

Le nom de Cryogenics vient des mots grecs cryo et genic. Cryo signifie très froid et genics signifie produire, le sens général est la production de très froid. Il n'y a pas de terme spécifique pour définir la température de la cryogénie, mais selon le National Bureau of Standard, la cryogénie est le domaine où la température est inférieure à 123 K (-150 °C). La cryogénie contient généralement l'application d'air liquide et d'autres gaz liquides comme l'azote, le dioxyde de carbone, l'hydrogène, l'hélium, etc.

1.2 Types d'usinage

L'usinage est un processus d'enlèvement de matière qui consiste à découper les matériaux excédentaires à l'aide de divers outils de coupe pour obtenir la pièce conformément aux spécifications. Il existe différents types d'usinage.

Usinage à sec :

L'usinage sans fluide de coupe est appelé usinage à sec. Il n'y a aucune pollution, aucun coût d'élimination et aucun danger pour la santé. Mais la génération de chaleur affecte à la fois l'outil et la pièce, son contrôle dimensionnel devient difficile. Plus de friction et d'adhérence entre l'outil et la pièce à usiner est produite en raison d'une pression plus élevée avec une usure accrue de l'outil et une réduction de la durée de vie de l'outil. Cette technique d'usinage des composants est moins efficace lorsque l'exigence d'une plus grande efficacité d'usinage, d'une meilleure qualité de finition de surface et de conditions de coupe sévères. L'outil peut être isolé de la pièce à usiner en introduisant une couche de protection sur la face frontale de l'outil. Le matériau coulé en général, le C.I. gris et les matériaux similaires sont particulièrement bien adaptés à l'usinage à sec en raison des copeaux courts, de la faible température et des forces de coupe et de l'effet lubrifiant du graphite intégré[1].

Utilisation d'une quantité minimale de lubrifiant

La quantité minimale de lubrifiant (MQL) signifie l'utilisation d'un très petit débit de lubrifiant de 50-500 ml/h. Le mélange d'huile de lubrification ou d'ester synthétique biodégradable est pulvérisé à l'air comprimé sur la pointe de l'outil. Un bon niveau de lubrification est garanti, mais dans ce type d'usinage l'action de refroidissement est très faible. La puce est éliminée par le flux d'air utilisé pour l'épandage du lubrifiant. Si le mélange n'est pas correctement contrôlé, il peut entraîner la formation de brouillard ou de vapeurs dangereuses et donc la contamination de l'environnement de travail. La technique MQL a été trouvée meilleure dans d'autres applications le long du tournage[1].

Usinage assisté par jet haute pression

L'usinage assisté par jet haute pression (HPJAM) consiste à refouler le fluide de refroidissement et de lubrification à base d'huile ou d'eau dans des débits relativement faibles sous une pression extrêmement élevée pouvant atteindre 300 MPa à la pointe de l'outil de coupe. Le liquide de coupe sous une telle pression peut pénétrer plus près de la zone de cisaillement, améliorer la lubrification, le refroidissement et les effets de brise-copeaux. Cela peut entraîner une réduction de la zone de coupe, diminuant ainsi le coefficient de frottement, ce qui entraîne à son tour une réduction de la température de coupe et des forces de coupe[1].

Utilisation de lubrifiant solide

Le lubrifiant solide est une autre alternative qui permet de refroidir économiquement sans créer de pollution et de maintenir la qualité d'usinage. Il donne de bonnes performances en fraisage en bout et en tournage. L'utilisation de lubrifiant solide permet d'éviter l'utilisation de fluide de coupe, mais des coûts supplémentaires sont nécessaires pour la conception et l'entretien, mais leurs avantages surpassent ces coûts supplémentaires.

Ils fonctionnent de manière satisfaisante selon leurs combinaisons d'outils de coupe[1].

1.3 Difficultés lors de l'usinage

1.3.1 Usinage de matériaux durs

Les matériaux d'ingénierie de pointe offrent une combinaison unique de propriétés telles qu'une résistance élevée à des températures élevées, une résistance à la dégradation chimique et à l'usure. Les matériaux les plus difficiles à usiner sont généralement des superalliages et des métaux réfractaires. Certains de ces matériaux sont le titane, le nickel, l'acier, le molybdène, le rhénium, le tungstène, le cobalt, le tantale, le niobium, les alliages de chrome, les céramiques structurelles, les aciers, les alliages de titane, les alliages d'inconel, etc. Les alliages à base de titane et de nickel sont facilement considérés comme des matériaux difficiles à usiner ou à couper. Ces matériaux de pointe sont utilisés dans la fabrication de composants pour l'aérospatiale, l'électronique, la défense, le papier et la pâte à papier, le traitement chimique, l'élimination des déchets nucléaires, les services dentaires, orthopédiques et l'eau de mer. L'un des principaux obstacles à la commercialisation rapide de ces céramiques avancées et autres alliages résistants à la chaleur est la difficulté de les usiner aux formes requises et les coûts d'usinage élevés qui en découlent. Il a été constaté que l'énergie consommée lors du tournage est largement convertie en énergie thermique et que cette génération de chaleur est à l'origine de nombreux problèmes lors de l'usinage. Le coût peut atteindre 90% du coût total de l'usinage de certains composants céramiques de haute précision. Dans le cas de la céramique également, il existe une incertitude quant aux performances et à la fiabilité des composants céramiques en raison des dommages causés par l'usinage[2,3].

Cependant, les matériaux difficiles à usiner ne se limitent pas à ces alliages et sont également constitués de céramiques structurelles, de composites, de polymères et d'alliages de magnésium. Par matériaux difficiles à usiner, on entend les matériaux qui, au cours des opérations d'usinage, provoquent une usure excessive de l'outil, de la chaleur et/ou des forces de coupe, des difficultés de formation de copeaux et/ou une mauvaise qualité de surface. L'un des phénomènes importants dans l'usinage des matériaux difficiles à usiner est la production excessive de chaleur dans la zone de coupe, ce qui entraîne une température de coupe très élevée[3].

1.3.2 Problèmes environnementaux

Les huiles solubles sont le liquide de refroidissement d'usinage le plus couramment utilisé dans l'usinage des métaux aujourd'hui. Il s'agit d'un mélange d'huiles, de lubrifiants d'appoint, d'émulsifiants, d'additifs pour lubrifiants sous pression extrême, d'inhibiteurs de rouille, d'agents antimousse et de biocides. Aux États-Unis, environ trois quarts de million de machines-outils utilisent des fluides de travail des métaux. Cependant, ces biocides concentrés sont des additifs très coûteux et extrêmement dangereux. Ils sont difficiles à contrôler en toute sécurité et peuvent rendre l'élimination finale du liquide de refroidissement encore plus coûteuse[4]. Cela peut créer des problèmes d'élimination des déchets dans l'environnement. Ils ne sont pas facilement jetables dans la nature.

1.3.3 Problèmes de santé

Les liquides de coupe conventionnels constituent également une menace pour la santé des travailleurs de la production. Au cours des cinq dernières années, les fluides de travail des métaux sont devenus l'une des priorités de la Occupational Safety and Health Administration. Le contact se fait généralement soit par la peau, soit par les poumons par les aérosols d'inhalation produits lorsque le liquide de refroidissement est atomisé par la machine-outil. Les preuves médicales établissant un lien entre les fluides de travail des métaux, les cancers et les maladies respiratoires sont plus dominantes[4]. Les liquides de coupe des métaux sont des mélanges complexes qui peuvent contenir des produits pétroliers, des graisses végétales et animales, des sels organiques et inorganiques et divers additifs. La FCM peut être divisée en quatre catégories : fluides droits, fluides solubles dans l'eau, fluides syntaxiques et fluides semi-syntaxiques. La santé de l'opérateur est affectée par l'exposition aux FCM, notamment la dermatite, les effets sur la santé respiratoire, les effets sur la santé gastro-intestinale et l'augmentation de la mortalité due à une variété de cancers. En plus de cette FCM actuelle, il existe de nombreux additifs, biocides et contaminants qui sont des irritants ou des sensibilisants qui peuvent causer ou aggraver les symptômes respiratoires, les fumées produites pendant l'usinage affectent également les yeux humains[5].

1.4 Usinage cryogénique

L'usinage cryogénique est une méthode innovante de refroidissement de l'outil de coupe pendant l'usinage. Le liquide de refroidissement est généralement de l'azote liquide qui est liquéfié par refroidissement à -196°C. Il s'évapore sans danger dans l'air et ne nécessite aucune élimination. Les copeaux générés ne contiennent pas d'huile résiduelle et peuvent être recyclés en ferraille. Il s'agit d'un usinage durable ayant un taux d'enlèvement de matière accru sans augmentation de l'usure de l'outil et avec un coût de changement réduit, résultant en une productivité accrue, une meilleure qualité de surface et une durée de vie accrue de l'outil grâce à une abrasion et une usure chimique réduites. Le refroidissement cryogénique est généralement utilisé pour usiner des alliages résistants à la chaleur utilisés dans la fabrication de composants de moteurs aéronautiques. Même si le coût initial et l'effort de la machine cryogénique sont plus élevés, l'usinage cryogénique est moins coûteux que l'usinage conventionnel et cette tendance est plus dominante si l'on utilise des vitesses de coupe élevées en raison de moins de changements d'outils. [1]

CHAPITRE 2 : MÉTHODES D'USINAGE CRYOGÉNIQUE

Les approches de refroidissement cryogénique dans le découpage des métaux peuvent être classées en trois groupes selon les applications du fluide cryogénique : pré-refroidissement cryogénique de la pièce à usiner par répulsion ou dans un bain fermé et refroidissement cryogénique des copeaux, refroidissement cryogénique indirect ou refroidissement arrière cryogénique des outils ou refroidissement à distance conducteur, refroidissement par jet cryogénique par injection du cryogène dans la zone de coupe par inondation générale ou sur les bords ou faces des outils. Par conséquent, le refroidissement cryogénique peut être classé comme suit :

1. Prérefroidissement cryogénique de la pièce à usiner
2. Refroidissement cryogénique indirect
3. Refroidissement cryogénique direct par jet grâce à des micro-buses spéciales

2.1 Prérefroidissement cryogénique de la pièce à usiner

Certains matériaux sont difficiles à usiner dans des conditions normales. Pour les métaux qui sont difficiles à usiner, ils sont d'abord congelés et ensuite découpés à l'état congelé. Comme le traitement cryogénique dans le refroidissement des pièces moulées en aluminium avant l'usinage, peut empêcher les pièces moulées de se déformer pendant et après l'usinage. Cela permet de conserver la forme du composant.

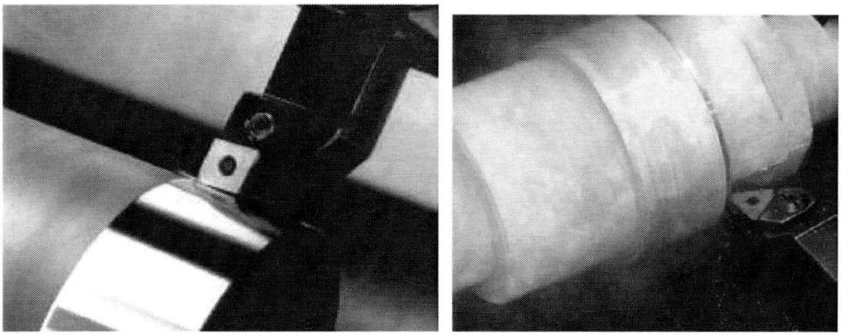

(a) (b)

Figure 2.1 Stratégies de tournage (a) Tournage à sec (b) Tournage dur cryogénique (6)

(a) (b)

Figure 2.2 Configuration de l'usinage de prérefroidissement de la pièce (a) Pièce congelée (b) Outil d'usinage et configuration[6].

Sur la figure 2.2, les pièces représentées sont 1 pièce congelée, 2 tours, 3 chambres de refroidissement, 4 réservoirs d'azote liquide, 5 dispositifs de préhension, 6 élévateurs à câble, 7 bras rotatifs. Des essais d'usinage dur peuvent être effectués sur les éprouvettes. Ils peuvent être réalisés à sec et avec prérefroidissement cryogénique de l'échantillon à l'aide d'une chambre de refroidissement spéciale à l'azote liquide (LN2) ou autre fluide cryogénique et transport de la pièce gelée de la chambre sur le tour ou autre machine outil comme indiqué à la Fig.2.2. Le tournage dur cryogénique peut être effectué sur une machine-outil conventionnelle, mais il est nécessaire de disposer d'un système de manutention spécial contenant le dispositif de préhension et l'élévateur pour le transport de la pièce. Il faut faire attention lors de la manipulation de la pièce à usiner.

Cette méthode est quelque peu difficile à utiliser en raison de la manipulation de la pièce gelée ou refroidie et la possibilité d'accident est plus importante dans ce système. La pièce à usiner doit d'abord être conservée dans le récipient spécial LIN requis pour ce type de méthode[6].

2.2 Refroidissement cryogénique indirect

Dans cette technique, les outils de coupe sont refroidis indirectement sans contact physique entre eux. Le refroidissement n'est tenté qu'au niveau des fraises ou des plaquettes et aucune tentative de refroidissement n'est effectuée sur la pièce à usiner[6].

Dans ce type de refroidissement, l'insert ou les fraises sont refroidis par un dispositif spécial de type chambre dans lequel le liquide de refroidissement circule pour refroidir l'insert d'outil[2].

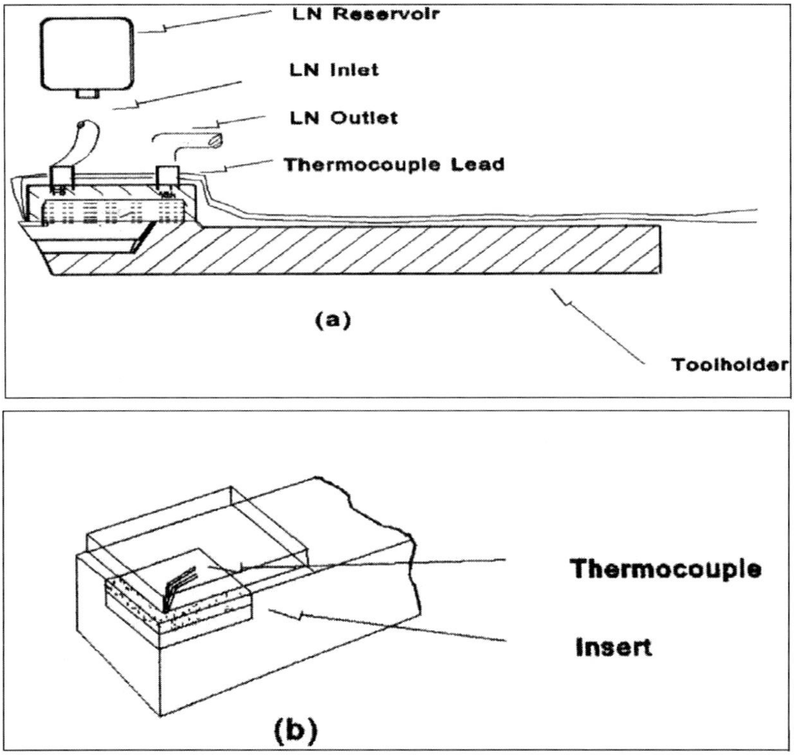

Figure 2.3 Refroidissement cryogénique indirect[2].

Cette méthode montre qu'elle a un effet de refroidissement plus fort que le refroidissement par jet d'eau, l'usure de l'outil dépendant de la température étant réduite de manière significative dans les essais des aciers d'usinage et des alliages de titane. Cependant, il reste encore du travail à faire pour explorer tout le potentiel de l'utilisation du refroidissement LN2 dans l'usinage des matériaux avancés. Cette Fig.2.3 décrit la technique de circulation d'azote liquide de refroidissement sur l'outil pour réduire les températures de coupe lors du tournage de matériaux avancés. Le système fournit un effet de refroidissement plus fort et beaucoup plus stable sur l'insert que ceux utilisant des sprays LN2, sans effet négatif sur la taille de la pièce.

L'un des systèmes de circulation d'azote liquide possibles illustrés à la figure 2.3 a été conçu pour maintenir les températures de l'outil à un niveau inférieur. L'élément principal du système de refroidissement est le capot de l'outil illustré à la Fig. 2.3. Il s'agit d'un capuchon métallique conçu de telle sorte que l'azote liquide entre en contact étroit avec l'arête de coupe. Le couvercle de l'outil est fixé sur le porte-outil à l'aide de vis à six pans creux. Le couvercle a deux robinets sur sa surface supérieure. Le robinet à proximité de l'insert de l'outil sert d'entrée pour l'azote liquide et l'autre robinet sert de sortie. Les tubes en cuivre sont utilisés pour la circulation de l'azote liquide. La vanne à la sortie de la bouteille d'azote liquide sert à réguler le débit dans le système. Une vanne est raccordée à la sortie pour faciliter le contrôle du débit d'azote liquide dans le système.

L'avantage de ce système est une bonne utilisation du fluide cryogénique et il a été observé qu'il donne de meilleurs résultats en utilisant ce type de système de refroidissement cryogénique. Le liquide de refroidissement circule à travers un capuchon scellé situé sur le dessus de la plaquette de coupe pour réduire la température de coupe. Le système est efficace, facile à monter et n'a aucun effet négatif sur la pièce. Les expériences d'usinage de matériaux très difficiles à usiner montrent une amélioration de la durée de vie de l'outil et de la qualité de surface. Cette méthode peut être utilisée pour le nitrure de silicium lié par réaction, les alliages de titane, les alliages Inconel et le tantale. La production de chaleur et l'augmentation de la température qui en résulte dans le processus de coupe jouent un rôle crucial dans la durée de vie de l'outil et la qualité de la machine. En modifiant les conditions de convection autour de l'outil, les températures de l'outil et de la pièce peuvent être largement réduites. Ceci augmente la durée de vie de l'outil[2].

2.3 Refroidissement cryogénique direct par jet par micro-buses spéciales

Le refroidissement direct par jet cryogénique est la méthode couramment utilisée pour l'usinage cryogénique. Les liquides de refroidissement conventionnels n'assurent pas le contrôle souhaitable de la température de coupe dans la zone de coupe et créent également des problèmes techno-environnementaux tels que des problèmes dermatologiques et d'élimination pour l'utilisateur. Ces problèmes ont été éliminés en utilisant l'azote liquide comme liquide de refroidissement dans l'usinage cryogénique en raison de son excellente capacité de refroidissement et de son respect de l'environnement. Dans des conditions de coupe cryogéniques, le système de refroidissement à l'azote liquide a réduit la température et l'usure de l'outil de coupe par rapport à l'usinage à sec.

Pendant les opérations de coupe du métal, de la chaleur est générée par (i) la déformation du métal, (ii) le frottement de glissement de la puce à la surface de l'outil, et aussi (iii) le frottement entre la pièce et le flanc de l'outil. Cette chaleur augmente la température de l'outil et réduit sa dureté et donc sa durée de vie. Une température élevée peut également entraîner des effets négatifs tels qu'une imprécision dimensionnelle, un mauvais état de surface, etc. C'est pourquoi l'utilisation de fluide de coupe pendant l'usinage est essentielle. Le liquide de refroidissement cryogénique peut également être fourni par pulvérisation sur la plaquette de l'outil. Mais dans une telle application, le liquide de refroidissement refroidirait également les zones non désirées comme la pièce, ce qui augmenterait la dureté de la pièce et donc les forces de coupe[7].

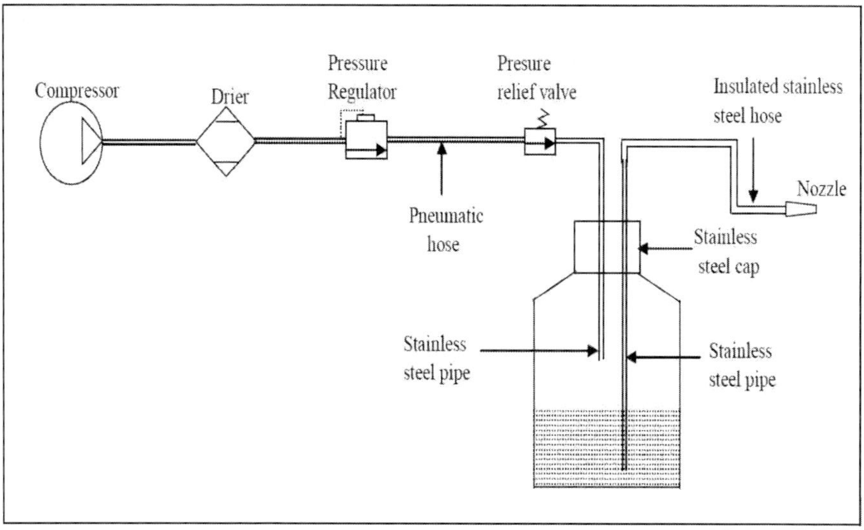

Figure 2.4 Schéma schématique du système de refroidissement cryogénique par jet[8].

Le processus de cryomachine consiste à projeter une petite quantité de fluide cryogénique sur les plaquettes de l'outil de coupe pendant le processus de coupe. Le fluide cryogénique est transporté à partir d'un réservoir en vrac ou d'un cylindre pressurisé près de la machine à travers des conduites de vide et un boîtier de contrôle qui est intégré aux signaux LIN du contrôleur de la machine pour faire circuler ce fluide et l'alimenter sur la plaquette[8]. La configuration est illustrée à la Fig. 2.5.

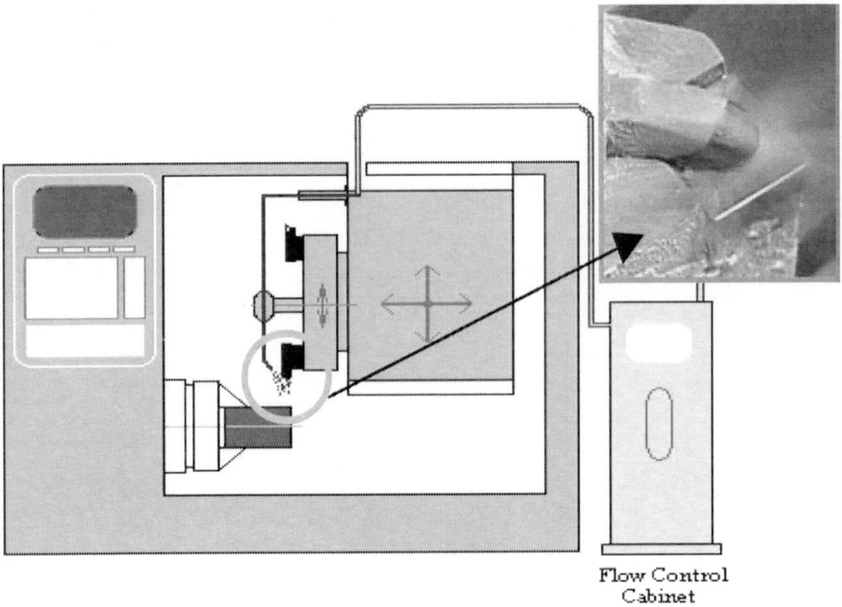

Figure 2.5 Schéma schématique du procédé d'usinage cryogénique direct[8].

Le procédé d'usinage cryogénique direct permet d'obtenir un grand nombre d'agencements de jets. Dans le diagramme ci-dessus, le jet sur la face avant du rack de l'outil.

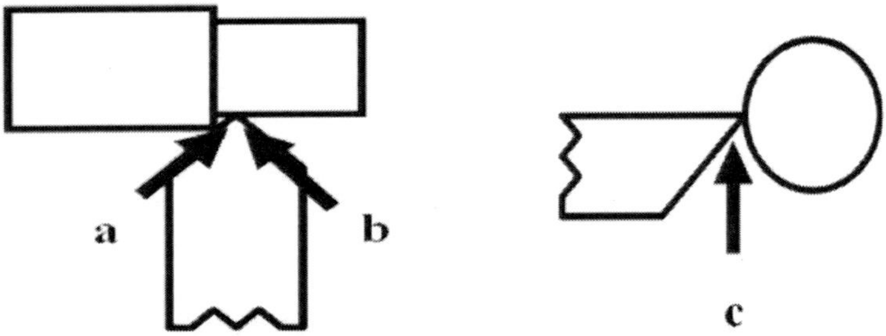

Figure 2.6 Différentes positions de jet

a) Sur la face de l'outil le long de l'arête de coupe principale, **b**) perpendiculaire à l'arête de coupe principale, **c) de** bas en haut à travers l'espace entre le flanc de l'outil et la pièce à usiner[7] L'application de liquide de refroidissement cryogénique a augmenté de plus de quatre fois la vie de l'outil.

La durée de vie maximale de l'outil a été trouvée lors de l'application du liquide de refroidissement à partir de la position "c". Si le liquide de refroidissement est appliqué depuis le bas de la zone d'usinage, il refroidit directement l'arête de coupe sans être perturbé par la puce. L'usure de l'outil est ainsi réduite. La prochaine bonne performance a été trouvée pour la position "a", c'est-à-dire que le liquide de refroidissement est appliqué le long de l'arête de coupe principale. Il refroidit l'arête de coupe principale qui est chauffée à une température plus élevée que l'arête de coupe auxiliaire. Mais si le liquide de refroidissement est appliqué perpendiculairement à l'arête de coupe principale comme dans la position "b", il souffle le copeau chaud de la face de l'outil et réduit le contact entre le copeau chaud et la face de l'outil. Dans ce cas, le liquide de refroidissement cryogénique refroidit principalement la puce et est moins efficace pour refroidir les arêtes de coupe, il y a eu peu d'usure des flancs lorsque le liquide de refroidissement cryogénique a été introduit par le bas de la zone d'usinage à "c"[7].

Une autre méthode de refroidissement est le refroidissement par le haut et le refroidissement par le bas. Dans le refroidissement par le haut (TC), le liquide de refroidissement cryogénique est appliqué sur la partie supérieure de l'insert. Le seul inconvénient de cette méthode est qu'elle durcit la pièce, ce qui augmente l'usure de l'outil, ce qui permet de développer une autre méthode appelée refroidissement par le fond. Dans le refroidissement par le fond, le LIN est appliqué par le bas de la plaquette, ce qui évite le contact du LIN au point de coupe avec la pièce à usiner et élimine les inconvénients de la méthode de refroidissement par le haut.

D'autres méthodes telles que le jet multiple comme le jet double, le jet triple peuvent également être utilisées pour un usinage efficace de la matière et pour réduire l'usure des outils[8].

CHAPITRE 3 : USINAGE CRYOGÉNIQUE ET USINAGE À L'HUILE

3.1 Différence entre l'usinage à base d'huile et l'usinage cryogénique

On sait que les fluides lubrifiants de refroidissement à base d'huile (CLF) sont l'un des éléments les plus insoutenables des processus d'usinage. La plupart des NSI sont formulées à partir d'huiles minérales, qui sont extraites du pétrole brut, principalement pour des raisons économiques. Bien qu'il existe d'autres NSI d'origine naturelle (huiles végétales), l'utilisation de ces NSI a été limitée. Cela s'explique en partie par la hausse des coûts et en partie par la baisse du rendement. Dans l'usinage cryogénique, une FLC cryogénique (sans huile) est livrée dans la zone de coupe de l'outil de coupe, qui est exposée à la température la plus élevée pendant le processus d'usinage, ou dans la pièce afin de modifier les caractéristiques du matériau et d'améliorer les performances d'usinage. La CLF est de l'azote ou un autre fluide probable, qui est liquéfié par refroidissement à -196 °C (azote liquide LN). L'azote est un gaz inoffensif, incombustible et non corrosif. Le LN dans les systèmes d'usinage cryogénique s'évapore rapidement et retourne dans l'atmosphère, ne laissant aucun résidu pour contaminer la pièce, les copeaux, la machine-outil ou l'opérateur, éliminant ainsi les coûts d'élimination. De plus, l'usinage cryogénique pourrait aider à usiner des pièces plus rapidement, avec une meilleure qualité, des performances d'usinage accrues et un coût global réduit[10]. Quelques avantages potentiels de l'usinage cryogénique sont :

- Coefficient de frottement considérablement réduit sur l'interface de la puce de l'outil.
- LN appliqué localement sur l'arête de coupe est supérieur à l'émulsion en abaissant la température de coupe.
- Durée de vie accrue de l'outil grâce à une abrasion et une usure chimique plus faibles.
- Augmentation du taux d'enlèvement de matière sans augmentation de l'usure de l'outil et avec des coûts de changement d'outil de coupe réduits, d'où une productivité accrue.
- Amélioration de la qualité de surface des pièces usinées avec l'absence de dégradation mécanique et chimique de la surface usinée.

La plupart des applications cryogéniques de la FLC ont été examinées dans l'usinage des superalliages résistants à la chaleur. Il est possible d'augmenter la vitesse de coupe d'un facteur 5. Dans l'usinage des alliages à haute température, les FLC conventionnels à base d'huile ne sont pas toujours assez efficaces pour réduire la température de coupe élevée, augmenter la durée de vie des outils, réduire les coûts d'usinage et améliorer la durabilité environnementale/sociale. Le problème est que les CLF conventionnels n'accèdent pas à la partie de l'outil et aux interfaces des puces à outils, qui sont soumises à une pression de contact élevée, car elles se vaporisent à une température élevée générée à proximité du bord de l'outil de coupe. Cela étant, il apparaît clairement que les technologies utilisant des FLC classiques sont inefficaces et non durables lorsqu'il s'agit d'usiner des matériaux à haute résistance au cisaillement et à faible conductivité thermique. Dans ce cas, l'évitement des FLC conventionnelles permettrait d'obtenir un gain énorme du point de vue de la durabilité, on peut voir que dans l'usinage conventionnel, les FLC (émulsions) sont composées d'huile lubrifiante (à base de pétrole) et d'un support lubrifiant (eau). De plus, l'eau sert de liquide de refroidissement dans le système d'usinage conventionnel[09].

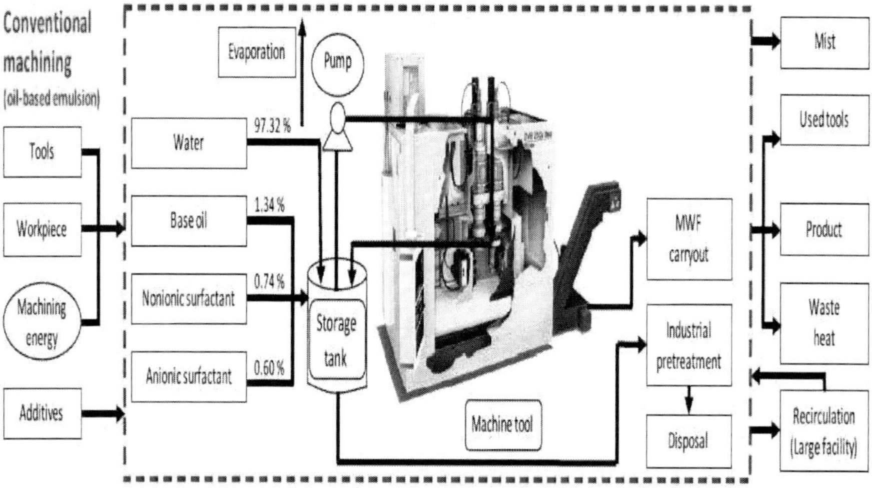

Figure 3.1 Unité d'usinage conventionnel[9] Figure 3.2 Unité d'usinage conventionnel[9

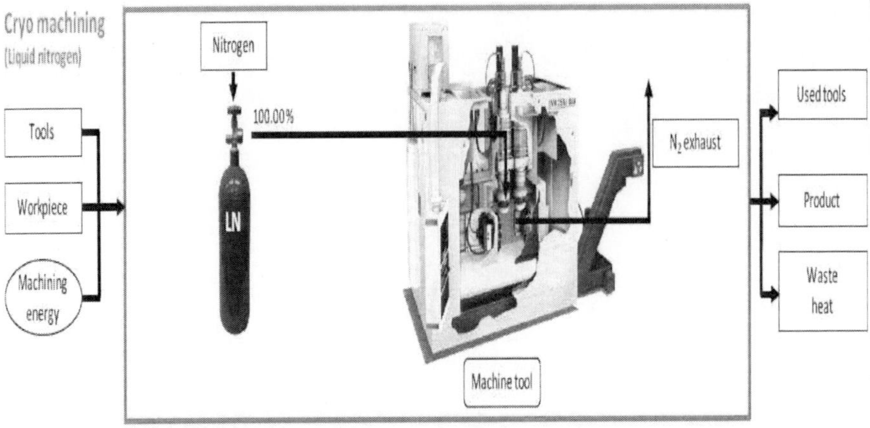

Figure 3.2 Unité d'usinage cryogénique[9] Figure 3.2 Unité d'usinage cryogénique[9

Dans le cas de l'usinage cryogénique, le lubrifiant et le support sont fournis par LN, qui est connu pour être stable, alors que les émulsions à base d'huile ne le sont pas et doivent contenir des émulsifiants pour leur stabilisation. En ce qui concerne la production de NTC à base d'huile, la plupart des NTC sont utilisés comme émulsions contenant des huiles minérales et des surfactants à base de pétrole. La production de ces composants nécessite une distillation et un traitement du pétrole brut, ce qui crée plusieurs sous-produits. Les composants considérés dans ce cas sont un système CLF semi-synthétique contenant de l'huile, deux surfactants et de l'eau. La prise en compte des agents de surface est importante car ils jouent un rôle dominant dans les émissions environnementales globales des systèmes d'agents de surface eau/huile. D'autre part, le LN peut être utilisé comme CLF, qui est un gaz atmosphérique liquéfié produit industriellement en grande quantité par distillation fractionnée de l'air. L'entrée dans le processus est de l'énergie électrique[11].

Une différence majeure entre les systèmes à base d'huile et les systèmes cryogéniques est que les systèmes à base d'huile recirculent les FLC, tandis que le fluide cryogénique n'est délivré qu'une seule fois en raison de son évaporation immédiate à la livraison. Par conséquent, le concept de consommation prend des significations différentes dans ces systèmes. Dans le cas d'un refoulement de fluide cryogénique, le taux de consommation est déterminé par le débit massique de LN à travers la buse. En revanche, dans les systèmes d'inondation conventionnels, le taux de consommation est déterminé par le volume d'émulsion par machine-outil et l'intervalle d'élimination.

CHAPITRE 4 : EFFET DE L'USINAGE CRYOGÉNIQUE SUR LES MATÉRIAUX ET LES OUTILS

4.1 Effet sur le matériel

4.1.1 Rugosité de surface et écart dimensionnel

L'écart dimensionnel et la rugosité de surface ont une corrélation directe avec l'usure du flanc de l'outil et la surface et les dimensions. Le maintien de la dureté de l'outil grâce au refroidissement cryogénique a permis de réduire l'usure des flancs de l'outil et donc la rugosité de surface et les écarts dimensionnels. L'utilisation du refroidissement à l'azote liquide pour l'usinage de matériaux avancés avec des outils appropriés a donné une meilleure rugosité de surface que celle de la coupe refroidie à l'azote non liquide. Il a clairement indiqué que l'utilisation de la cryogénie réduirait la rugosité de la surface. Le meilleur état de surface a été obtenu par refroidissement cryogénique indirect et le pire a été obtenu par refroidissement cryogénique des puces. La position de la buse n'a pas d'effet significatif sur la rugosité de la surface de la pièce à usiner. On constate que la position de la buse influe sur l'usure du flanc de l'outil et que l'usure de l'outil a une relation avec la rugosité de la surface.

L'usinage cryogénique améliorerait l'état de surface de la pièce[10].

4.1.2 Durée de vie en fatigue des composants techniques

Une fissure de fatigue est le résultat d'une déformation plastique localisée lors d'une déformation cyclique qui cause la défaillance d'un composant en service. L'"amorçage de fissures" est défini comme le nombre de cycles nécessaires pour générer, nucléer ou former la plus petite fissure détectable par quelque moyen que ce soit. Le liquide de refroidissement cryogénique influence considérablement le raffinement du grain du produit final, ce qui se traduit par une meilleure dureté de surface et une meilleure résistance à la fatigue. Du point de vue du procédé, le liquide de refroidissement cryogénique permet d'obtenir des forces de coupe et une puissance mécanique inférieures à celles du procédé à sec[10].

4.2. Effet sur l'outil

4.2.1 Réduction de l'usure des outils

Réduction significative de la température et réduction des contraintes sur le râteau et les faces de flanc de l'outil sans aucune fissure observée lors du refroidissement cryogénique utilisé. La diffusion et l'adhérence du matériau de la pièce à usiner sont réduites et donc l'usure de l'outil est réduite[10].

4.2.2 L'effet du refroidissement cryogénique sur les forces de coupe et le frottement

L'azote possède une lubrification limite positive. L'azote liquide réduit le frottement dans les contacts glissants par rapport à la coupe à sec et aux fluides de coupe en émulsion. Le refroidissement par jet cryogénique contribue à réduire le frottement, et les plaquettes en carbure non revêtues ont obtenu une meilleure réduction du frottement. On constate que la réduction des forces de frottement est due à des modifications des propriétés du matériau lors du refroidissement cryogénique. Il existe des preuves métallurgiques d'une réduction du frottement entre la face frontale de l'outil et la puce. En comparant l'angle de cisaillement sous usinage cryogénique avec l'usinage à sec, on a constaté que l'usinage cryogénique entraîne une augmentation de l'angle de cisaillement. Ceci est dû à la réduction de la température de coupe par refroidissement cryogénique.

La durée de vie de l'outil s'en trouve prolongée. La réduction de l'usure et du frottement se traduit par un meilleur usinage et un meilleur état de surface[10].

4.3 Effet du refroidissement cryogénique sur la température de coupe

Le refroidissement cryogénique permet de réduire la température de coupe. On observe que le refroidissement cryogénique à l'azote liquide réduit la température de coupe de 19-40% en fonction du niveau des paramètres de coupe (vitesse de coupe et vitesse d'avance). Le résultat indique que l'effet de refroidissement cryogénique diminue légèrement avec l'augmentation de la vitesse de coupe et de l'avance. L'effet de refroidissement cryogénique dépend principalement de la vitesse de coupe et de la vitesse d'avance. L'effet de refroidissement cryogénique diminue en raison de l'augmentation de la température de coupe en changeant la nature de contact des copeaux avec les outils.

CHAPITRE 5 : ÉTUDE DE CAS

5.1 Mise en place de l'étude de cas

Cette étude de cas est liée à l'usinage cryogénique indirect avec capuchon sur l'outil utilisé pour faire circuler le fluide de refroidissement, c'est-à-dire LN2.

Le montage expérimental comprend un tour Clausing Colchester-15, un système de refroidissement à l'azote liquide, un système de mesure de température, un système de mesure de force, un système d'acquisition de données, et des amplificateurs et convertisseurs AD appropriés. Pour mesurer la température de l'outil, on a utilisé un thermocouple non gainé de type K de calibre fin, d'un diamètre de fil de 0,8 mm. Il a été monté à environ 5 mm de l'arête de coupe, de sorte qu'il n'y ait aucune interférence avec le processus d'usinage. La force a été mesurée à l'aide d'un dynamomètre piézoélectrique Kistler à trois composants. Un porte-outil a été fabriqué pour maintenir la tige de l'outil sur le dynamomètre. Le dynamomètre convertit la force en une charge électrique proportionnelle. Un amplificateur de charge de type 5004 convertit la charge électrique en une tension proportionnelle prenant en compte.

L'expérience se fait pour deux propriétés

1. D'étudier l'effet du refroidissement LN2 sur l'usure de l'outil et la qualité de surface usinée en tournage du nitrure de silicium lié par réaction (RBSN) à l'aide de trois outils différents en nitrure de bore cubique polycristallin disponibles sur le marché, soit les CBN50, VC734 et VC722. Une deuxième série d'expériences est également réalisée sur le Ti-6Al-4V et permet de déterminer la variation des forces pendant l'usinage cryogénique.

2. Étudier la finition de la surface de travail

Les conditions d'usinage suivantes ont été utilisées :

- Vitesse : 2,23 m/s,
- profondeur de coupe : 0,5 mm,
- avance : 0,1 mm/tour,
- angle d'inclinaison : -6°, angle de dégagement : 5°, angle d'inclinaison : -6°, angle d'attaque k, 15°, et rayon de nez *r* 0,8 mm.

Les matériaux utilisés pour les expériences sont donnés ci-dessous avec leurs propriétés comme la composition chimique, la densité, le module de Young, la résistance à la traction, la conductivité thermique du matériau.

Tableau 5.1 : Propriétés des matériaux[2].

Matériau	**Composition chimique**	**Densité kg/m3.**	**module de Young N/m2**	**Résistance à la traction N/m2**	**Conductivité thermique W/mK**
RBSN	98 % Si2n4	2.4 x ^{103}	1.72 x ^{1011}	1.2 x ^{108}	13
Ti-6Al-4V	6% Al, 4%V	4.43 x ^{103}	1.16 x ^{1011}	9.3 x ^{108}	15
Inconel 718	55% Ni, 19% Cr, 17% Fe	8.18 x ^{103}	1.93 x ^{1011}	1.24 x ^{109}	10.4
Tantale	99% Ta	1.67 x ^{104}	1.86 x ^{1011}	9.1 x ^{1010}	54.4
CBN 50	95 % BN	3.12	6.80 x ^{1011}		100
H13A	92 % WC, 8 % Co	14.7	6.20 x ^{1011}		100

5.2 Résultats et discussion

5.2.1 Courbes de progression de l'usure pour trois outils CBN usinant RBSN.

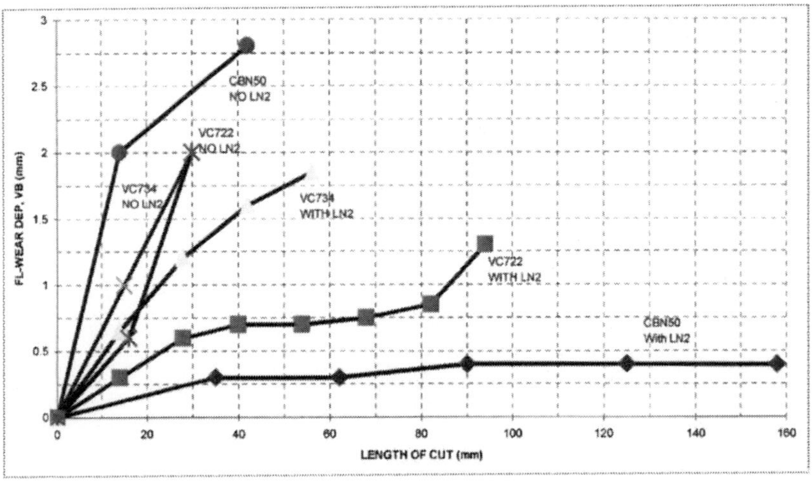

Figure 5.1 Courbes de progression de l'usure pour l'usinage RBSN à trois outils[2].

Nous pouvons voir que trois types d'outils PCBN testés dans les expériences, l'usure de l'outil était constamment moindre lorsque le refroidissement LN2 était utilisé.

Cependant, le degré d'amélioration de la durée de vie de l'outil était différent selon les outils.

Chaque point du graphique correspond à l'usure de l'outil mesurée après chaque coupe. La longueur de déplacement de l'outil de coupe était comprise entre 10 et 160 mm. L'usure de l'outil du CBN50 utilisé sans LN2 est beaucoup plus importante que celle du CBN50 utilisé avec LN2. En cas d'usinage sans LN2. L'usure des flancs augmentait rapidement avec la longueur de coupe et une usure importante a été observée après usinage d'une longueur de seulement 12 mm. En revanche, l'usure de l'outil augmentait moins vite en cas d'usinage avec LN2. L'outil a été utilisé pour une longueur de coupe de 158 mm et il était encore adapté à un usinage ultérieur. Les courbes de progression des profondeurs d'usure des flancs des VC734 et VC722 sont également présentées à la Fig. 5.1 Pour le VC734, la plaquette utilisée sans refroidissement LN2 a subi une forte usure et a été rendue inutilisable après usinage sur une longueur de seulement 16 mm. Lors de l'utilisation du refroidissement LN2, l'usure de l'outil a progressé à un rythme plus lent, comme le montre le graphique. Pour le VC722, en cas d'usinage sans refroidissement LN2, l'usure de l'outil a été mesurée à 2 mm après usinage d'une longueur de 30 mm, alors que pour le refroidissement LN2, l'usure a été mesurée à 0,88 mm après usinage d'une longueur de 80 mm. Ainsi, avec le refroidissement LN2, l'outil peut être utilisé pour une distance de coupe beaucoup plus longue que l'outil sans refroidissement LN2[2].

5.2.2 Usure de l'outil dans l'usinage Ti-6Al-4V.

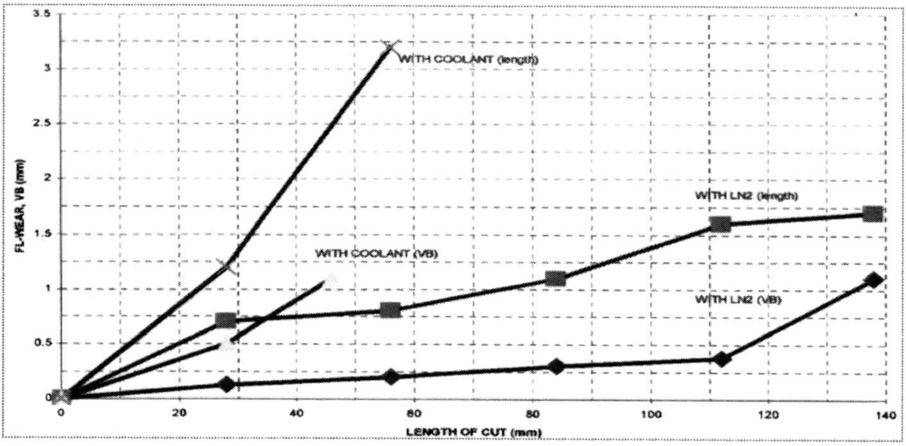

Figure 5.2. Usure de l'outil du Ti-6Al-4V[2].

Une deuxième expérience est réalisée pour déterminer l'usure de l'outil du Ti-6Al-4V. La figure 5.2 montre l'évolution de l'usure du flanc VB dans l'usinage du Ti-6Al-4V avec insert H13A avec et sans refroidissement LN2. Chaque point du graphique correspond à l'usure mesurée après chaque coupe. Lors de l'usinage avec refroidissement à l'huile, l'usure de l'outil a été mesurée à 1,1 mm après usinage d'une longueur de 46 mm. En cas d'utilisation du refroidissement LN2, l'usure de l'outil n'était que de 0,22 mm après usinage d'une longueur de 46 mm. Avec le refroidissement LN2, l'outil peut être utilisé sur une longueur d'environ 112 mm contre 20 mm avec un refroidissement à l'huile avant de subir le même degré d'usure. C'est une augmentation de plus de cinq plis. La figure 3 montre également l'évolution de la longueur d'usure de l'outil le long de l'arête de coupe principale lors de l'usinage Ti- 6Al-4V avec refroidissement par huile et avec refroidissement LN2, qui suit une tendance similaire à celle de la profondeur d'usure[2].

5.2.3 Usure H13A en Inconel d'usinage 718 et tantale

Les troisième et quatrième séries d'expériences ont été réalisées pour usiner l'Inconel 718 et le Tantale avec un outil en carbure cémenté H13A avec et sans refroidissement LN2.

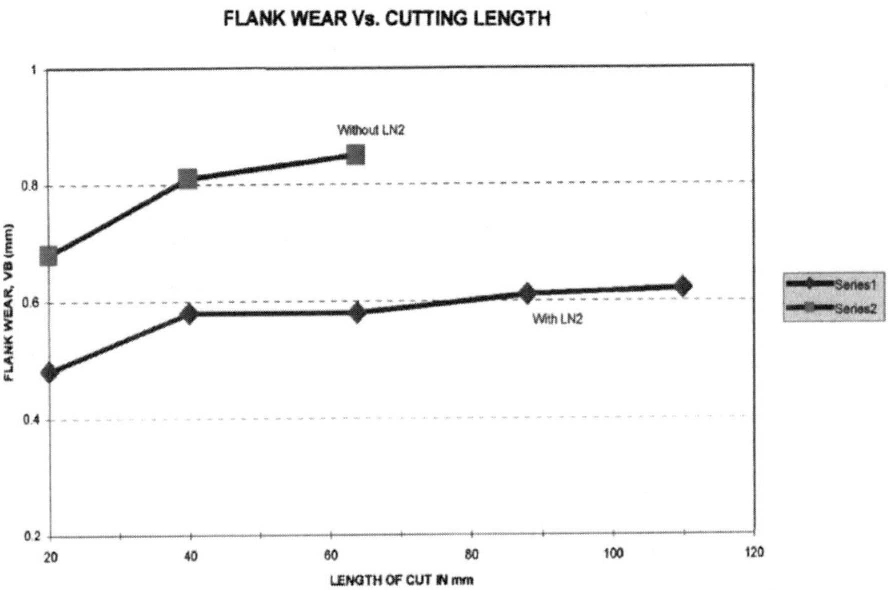

Figure 5.3 Usure de l'outil dans l'usinage de l'Inconel 718[2].

La figure 5.3 montre le taux d'usure de l'outil pendant l'usinage de l'Inconel 718. L'outil utilisé est le H13A. Il existe une comparaison entre l'usure des outils avec et sans LN2. Ceci montre une grande différence dans le taux d'usure de l'outil.

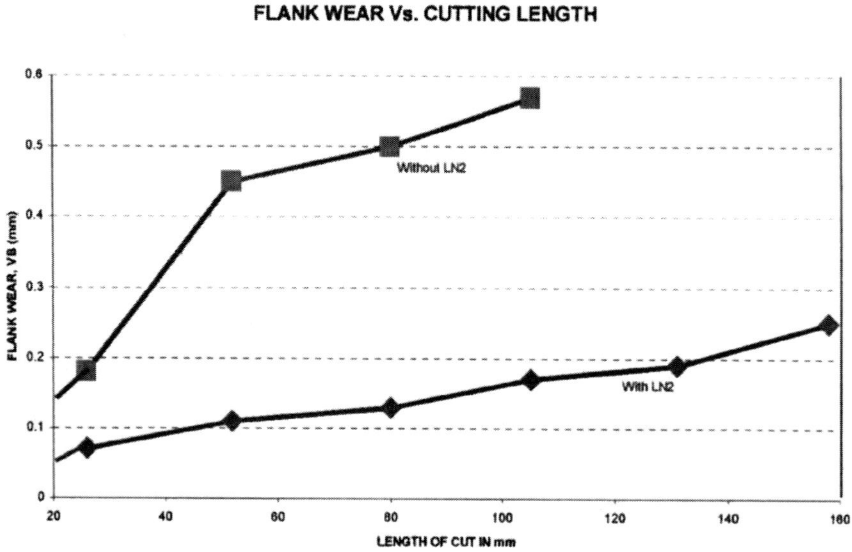

Figure 5.4 Usure de l'outil dans l'usinage du tantale[2].

La figure 5.4 montre l'usure de l'outil lors de l'usinage du tantale et d'après la figure, il est clair que l'usure de l'outil lors de l'usinage du tantale sans LN2 est très importante par rapport à celle du tantale avec le LN2. On peut donc dire qu'il réduit l'usure de l'outil[2].

5.2.4 Variation de force

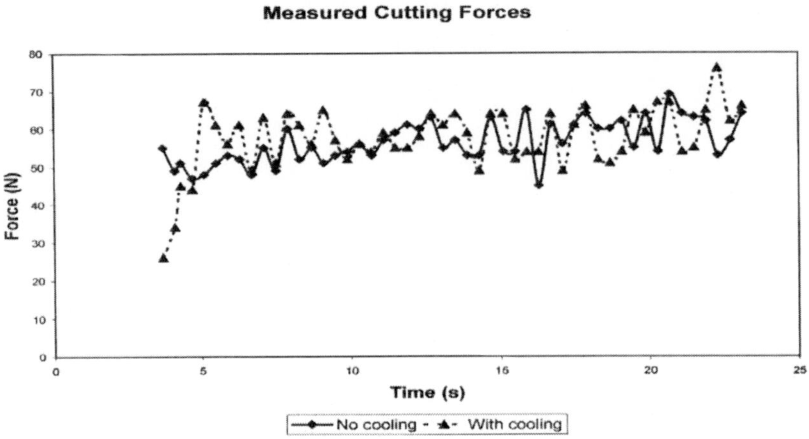

Figure 5.5 Variations de force dans l'usinage cryogénique du RBSN avec CBN50[2].

La variation de force pendant l'usinage est détectée par les capteurs et une mesure de force est tracée toutes les 0,3 secondes.

La Fig. 5.5 montre que les forces de coupe dans l'usinage cryogénique sont supérieures à celles de l'usinage conventionnel.

5.2.5 Rugosité de la surface

Après l'usinage du RBSN avec trois types de plaquettes CBN et d'autres matériaux avec plaquette H13A avec refroidissement LN2, le graphique des valeurs Ra est représenté sur la figure 5.6.

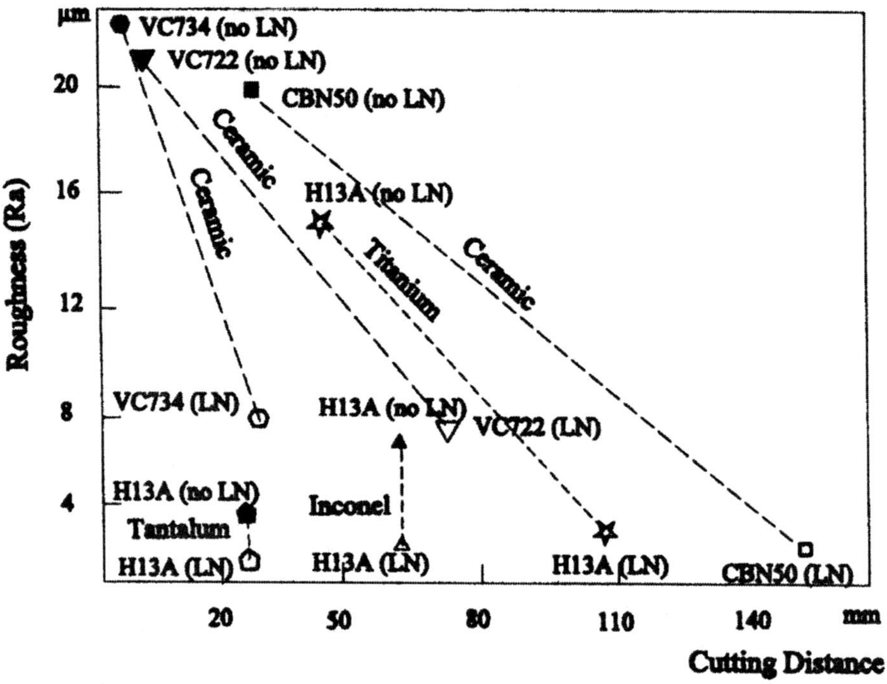

Figure 5.6 Rugosité de la surface après usinage cryogénique[2].

Il montre que dans l'usinage cryogénique, la rugosité de surface de la pièce à usiner est réduite de manière efficace, de sorte que l'usinage cryogénique contribue à améliorer la qualité de surface du matériau.

5.3 Conclusion de l'étude de cas

L'usinage cryogénique peut réduire efficacement l'usure de l'outil par l'application de liquide cryogénique et augmenter la durée de vie de l'outil ; il augmente les forces de coupe et la finition de surface du matériau à produire.

CHAPITRE 6 : ÉTUDE DE CAS 2

Système d'alimentation hybride Pour le refroidissement cryogénique conventionnel et à base de CO2/MQL

6.1 Fluides de lubrification

Fluides de lubrification pour les processus de coupe Les processus d'usinage dans la fabrication utilisent principalement des huiles minérales, des esters entièrement ou partiellement synthétiques et des alcools gras. L'usinage efficace des matériaux métalliques nécessite des lubrifiants adaptés au MQL avec une résistance thermique élevée et de bonnes propriétés de lubrification. Les esters sont bien adaptés aux processus de coupe où la lubrification entre l'outil et la pièce à usiner est fortement requise en plus de la séparation des copeaux, ce qui réduit considérablement l'abrasion. Malgré leur faible viscosité, ils ont un point d'ébullition élevé et un point d'éclair élevé. Les alcools gras sont avantageux dans les processus d'usinage où la séparation des copeaux est plus importante que la lubrification, ce qui réduit le risque d'accumulation de bords. Les esters synthétiques et les alcools gras sont biodégradables et inoffensifs sur le plan toxicologique.

6.2 Montage expérimental

L'intégration pour le refroidissement interne a été réalisée sur un centre d'usinage Chiron FZ 15s. La machine-outil est déjà équipée d'une broche à deux canaux, d'un tube CO2 séparé et d'une transmission rotative compatible pour les applications gaz. Ces caractéristiques permettent directement l'implémentation de l'unité d'alimentation pour un processus d'usinage. L'interface entre la broche et le porte-outil est critique et doit être protégée contre les pertes de fluide entraînant un effet de refroidissement indésirable dû à l'expansion. Pour satisfaire à cette exigence, une pièce de transfert supplémentaire a été conçue et fabriquée. Les expériences montrent que cette modification est suffisante pour permettre un écoulement continu du fluide, mais le concept peut encore être amélioré. La transmission rotative et la pièce de transfert fabriquée ne sont pas complètement étanches aux pertes de charge. Il en résulte un givrage partiel des éléments de la broche et, finalement, des bris d'outils. Les changements d'outils, en particulier, représentent un défi majeur. Les expériences ont comparé le système d'alimentation cryogénique avec le refroidissement humide conventionnel (pression p = 110 bar) ainsi qu'avec le système de refroidissement MQL Rother Technologie Aerosol Master 4000c.

6.3 Résultats du forage 50CrMo4

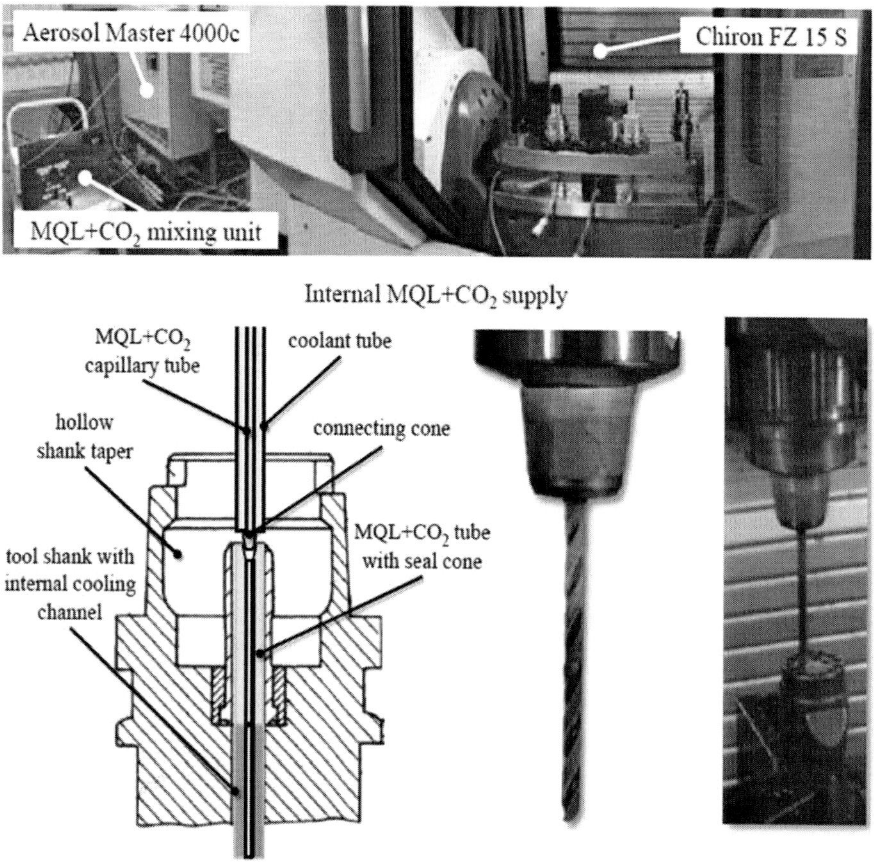

Graphique 6.1 : Montage expérimental pour le forage avec différentes stratégies de refroidissement

Les résultats montrent que le procédé refroidi au MQL+CO2 permet d'obtenir une rugosité de surface de Rmax = 5,07 µm, soit une augmentation de 11 % par rapport au refroidissement humide classique (Rmax = 4,57 µm). Le MQL conduit à une rugosité de surface de Rmax = 8,34 µm, soit 82,5 % de plus que pour un refroidissement conventionnel.

Les couches blanches (WL) se produisent dans chaque concept de refroidissement étant le plus remarquable quand MQL sans CO2 est appliqué. Les zones de surface après refroidissement conventionnel consistent en des zones durcies à nouveau réparties de manière inégale sur la surface de la pièce à usiner. Cette irrégularité augmente le risque d'apparition de fissures à partir de la surface. De plus, les contraintes résiduelles variables favorisent la croissance de la fissure le long de la profondeur. Le concept de refroidissement MQL+CO2 a permis d'obtenir une zone de surface homogène sans zones avec amorçage de fissures. De plus, pour certains échantillons d'essai, les WL ont été complètement évités. L'instabilité des conditions de refroidissement provoquée par les fuites de fluides est la cause principale de cette différence. Néanmoins, il y a un impact positif sur la zone de surface en raison de la réduction de la charge thermique et mécanique lorsque le média MQL+CO2 est appliqué. Il existe une forte corrélation entre la température et l'épaisseur de la zone de surface, d'une part, et la température et l'homogénéité, d'autre part. Le comportement à l'usure de l'outil révèle une charge thermique plus élevée dans le processus de refroidissement conventionnel et MQL indiqué par la cémentation et les couleurs de recuit sur la face de dégagement. Des indications similaires ne peuvent pas être observées sur les échantillons d'essai MQL+CO2 en raison des températures de processus plus basses au TCP.

6.4 Impact du liquide de lubrification

6.4.1 Montage expérimental pour le fraisage de Ti6Al4V

Pour déterminer la performance des différentes huiles dans le concept de refroidissement combiné MQL+CO2, des produits disponibles dans le commerce adaptés aux applications MQL ont été sélectionnés. De plus, les performances d'un alcool gras et d'une huile minérale seront analysées. La fraise est une fraise en carbure monobloc à quatre tranchants avec un diamètre d'outil de $D = 6$ mm. Lors des essais précédents, le débit massique de CO2 a été réglé à $\dot{v} = 5$ kg/h alors que le débit MQL a été sélectionné à $\dot{v} = 60$ ml/h. Tous les paramètres sont affichés dans le tableau de la figure 3. Les essais de fraisage ont été réalisés sur un centre d'usinage DOOSAN DNM 500 à trois axes. Les essais de référence avec refroidissement conventionnel ont appliqué une émulsion de 10 % fournie à l'extérieur du TCP. Pour mesurer les charges mécaniques et le moment de flexion, le porte-outil "Spike" de promicron GmbH avec interface SK 40 a été installé.

6.4.2 Résultats du broyage du Ti6Al4V

La figure 6.3 montre qu'après une longueur de coupe de 35,5 m, "1 ester + additifs" selon le tableau 1 provoque l'écaillage des arêtes et l'endommagement des coins de l'outil en raison de charges mécaniques élevées. La fraise refroidie à l'huile minérale présente des effcts d'ébréchure des arêtes et des arêtes de la fraise. La résinification des huiles minérales permet d'obtenir des arêtes plus résistantes. Le type d'huile "2 esters + additifs" indique l'usure de l'outil la plus faible détectée visuellement, suivie par l'alcool gras. Les essais avec 10% d'émulsion et "4 esters + additifs" sont caractérisés par une usure importante sur les arêtes de coupe secondaires. L'augmentation de la température à la pointe de l'outil conduit à un recuit des couleurs au bord de coupe lorsque l'émulsion est utilisée, donc la capacité de refroidissement du CO2 est plus appropriée pour réduire les températures. Dans les essais refroidis par des milieux cryogéniques, les couleurs ne peuvent pas être observées. Pour une conclusion plus précise de l'usure de l'outil en fonction de la longueur de coupe, les moments de flexion en cours de fabrication ont été analysés. La figure 6.3 montre que les moments de flexion sont plus élevés lorsque la longueur de coupe augmente.

Tool	KM Drill Ø 4,5 mm	**Material**	50CrMo4
Coating	TiAlN	**Drilling depth l**	30 mm
Wet	Oil 110 bar	**Cutting speed v_c**	90,5 m/min
MQL	5,4 bar	**Feed f**	0,20 mm
MQL+CO_2	8 kg/h + 90 ml/h	**Length of cut**	21 m

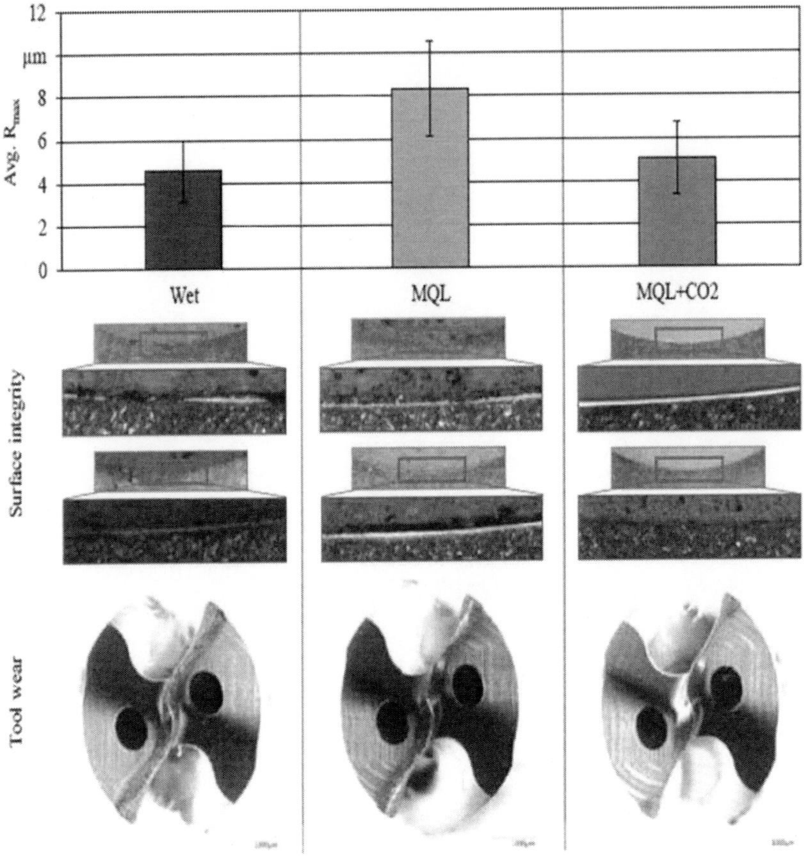

Figure 6.2 Intégrité de surface et usure de l'outil en perçage 50CrMo4 avec différentes stratégies de refroidissement

Lorsque l'avance est maintenue constante, des forces de coupe plus élevées orientées dans le sens du déplacement peuvent être observées dans le temps en raison de l'usure accrue de l'outil. Le porte-à-faux représenté par la longueur de l'outil combinée à la force de coupe actuelle augmente continuellement le moment de flexion résultant.

Tableau 6. 2 : Différentes huiles MQL pour le fraisage du Ti6Al4V avec CO2

Metal Working Fluid	**Viscosity** mm^2/s	**Flash point** °C	**Density** kg/m^3	**Cost comparison** €/l
1 Ester + Additive	20	> 200	960	+ 493,5%
2 Ester + Additive	30	> 180	900	+ 230,2 %
3 Ester + Additive	24	> 240	950	k. A.
4 Ester + Additive	45	> 180	890	+ 103,5 %
Mineral oil	11	> 200	827	100 %
Emulsion 10 %	70	> 130	950	+ 243 %
Fatty alcohol	40	> 161	840	+ 460,5 %

On peut dire que les moments de flexion maximums se produisent lorsque l'huile minérale et l'huile "1 ester + additifs" sont appliquées (MB ~ 11,5 Nm). Les "3 esters + additifs" et l'"alcool gras" montrent des moments de flexion sensiblement réduits autour de MB ~ 3,5 Nm. Une prédiction répétitive et stable de la durée de vie de l'outil s'accompagne d'un petit écart type du moment de flexion en cours de fabrication. Comme le montre la figure 4, la valeur absolue et l'écart type du moment de flexion sont fortement corrélés, il faut donc tenir compte des huiles qui entraînent de faibles moments de flexion. En plus des charges de flexion, des moments de torsion et des forces axiales de traction ont été analysés, qui augmentent en fonction de la longueur de coupe. L'écart-type de ces mesures est nettement plus élevé que pour les moments de flexion. On peut donc en conclure que la détection de l'usure basée sur le moment de torsion et les forces axiales est incertaine, tandis que la mesure en cours de cintrage permet d'obtenir des résultats plus fiables.

Tool	RF 100 Ti Ø 8 mm	Depth of cut a_p	1,5 mm
Coating	TiAlN	Width of cut a_e	2 mm
Emulsion	20 bar	Cutting speed v_c	117 m/min
MQL+CO_2	10 kg/h + 60 ml/h	Feed f	0,13 mm
Material	Ti6Al4V	Length of cut	35,5 m

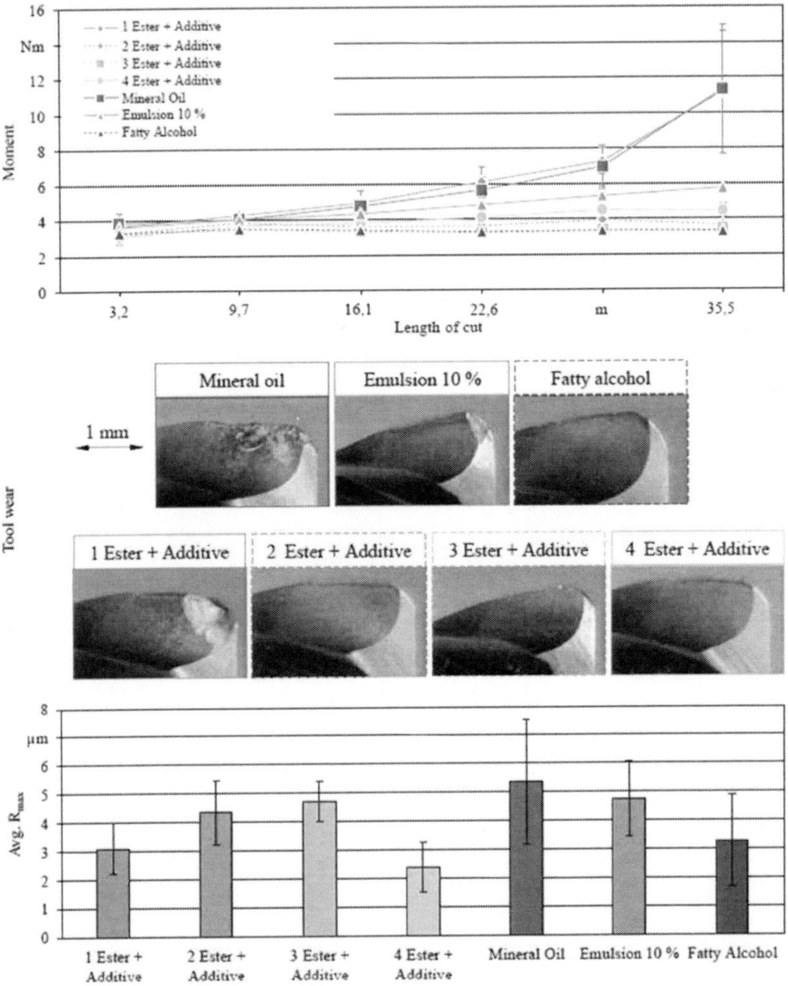

Figure 6.3 : Moment de flexion, usure de l'outil et rugosité moyenne de la surface de fraisage Ti6Al4V avec différentes huiles pour MQL+CO2

Pour évaluer la rugosité de la surface, l'indice de rugosité moyenne Ra, la rugosité moyenne Rz, la rugosité maximale Rmax ont été analysées après que la longueur totale de coupe de 35,5m ait été atteinte. La figure 4 montre la moyenne de Rmax selon le lubrifiant de refroidissement. La valeur absolue de Rmax pour l'huile minérale et son écart type indiquent l'absence d'effet lubrifiant. De plus, le Rmax moyen est le plus élevé parmi les huiles prises en considération. Les résultats pour l'émulsion de lubrifiants 10 %, "2 esters + additifs" et "3 esters + additifs" sont presque identiques. La meilleure rugosité de surface a été obtenue avec l'application de "4 esters + additifs". La réduction du frottement et de l'usure de l'outil en conséquence est directement liée à une augmentation de la teneur en soufre de l'huile. Cette affirmation est également corroborée par les mesures de force. Il est remarquable que les "esters + additifs" ou les "alcools gras" appropriés donnent de meilleurs résultats que le refroidissement conventionnel à base d'émulsion.

6.4.3 Résumé

Les défis pour l'intégration du concept de refroidissement cryogénique à base de MQL+CO2 dans la machine-outil peuvent être déduits de ces résultats. De plus, l'ensemble du système de refroidissement, c'est-à-dire le système d'alimentation, les composants et les fluides, doit être hybride en termes de flexibilité maximale en ce qui concerne les stratégies de refroidissement alternatives (sec, cryogénique, émulsion conventionnelle) pendant l'usinage. En ce qui concerne la stabilité des fluides cryogéniques utilisés, les pertes de charge dues à des fuites doivent être évitées. Du point de vue de la productivité, le temps de commutation entre les différents fluides de refroidissement est critique. Idéalement, ce changement peut être effectué parallèlement à des déplacements non productifs ou à des changements d'outils. De plus, l'exigence d'un changement d'outil fiable et stable doit être satisfaite. Enfin, l'accès au système d'alimentation doit être géré par la commande de la machine-outil pour permettre un refroidissement hybride. Sur la base de ces spécifications, les éléments de la machine-outil concernés peuvent être dérivés. Lorsque le système d'alimentation mélangeant MQL et CO2 est installé à l'extérieur, l'unité rotative, le porte-outil ainsi que l'outil lui-même sont les composants mécaniques critiques. Tout d'abord, le concept innovant de refroidissement MQL+CO2 repose sur l'alimentation des fluides cryogéniques par un seul canal. Cette approche réduit la complexité de l'intégration dans la machine-outil. Deuxièmement, l'application d'une huile appropriée a un impact majeur sur la performance et la durabilité. Il a été démontré que la combinaison de MQL et CO2 surpasse le refroidissement humide conventionnel. Enfin, les exigences d'un développement plus poussé du système d'alimentation pour permettre le refroidissement interne et les changements en cours de fabrication entre les différents fluides de refroidissement ont été décrites.

CHAPITRE 7 : Usure progressive de l'outil dans l'usinage cryogénique : L'effet de l'azote liquide et du dioxyde de carbone

7.1 Matériel et méthodes

Dans cette étude, l'acier AISI 4140 a été utilisé comme matériau de travail. Les barres rondes avaient un diamètre de 50 mm et une longueur de 80 mm lorsqu'elles étaient laminées à froid. Leur dureté était de 25 HRC. Ils ont été austénisés à 815 degrés C, puis trempés dans l'huile et trempés dans un bain de sel à 580 degrés C pendant 1 h. Après traitement thermique, leur dureté a été mesurée à 42 HRC.

Les essais de tournage ont été réalisés sur une CNC Doosan. Les outils de coupe non revêtus CNMG 120408 M1 883 ont été utilisés dans toutes les expériences d'usinage. Un porte-outil PTJNL2525M16JET a été utilisé. Lors des essais de coupe, l'avance, f, la profondeur de coupe, d et la vitesse de coupe, V, ont été maintenues constantes à 0,2 mm/tour, 1,5 mm, 80 m/min, respectivement. L'usure des outils a été contrôlée par microscopie optique numérique.

L'évolution de l'usure de l'outil a été surveillée en fonction de la distance de coupe. Pour chaque usinage de 100 mm, l'essai a été interrompu et la progression de l'usure de l'outil a été examinée. Optris PI 400 a été utilisé pour la mesure de température en utilisant une émissivité de 0,66. L'émissivité a été déterminée à l'aide de mesures au four et de thermocouples. Des expériences d'usinage ont été menées dans le cadre de l'usinage à sec et cryogénique.

L'usinage cryogénique a été réalisé en délivrant du LN2 et du CO2 à travers le porte-outil, comme illustré à la figure 7.1a,b. Dans le cas du CO2 + MQL, le MQL a également été livré simultanément à travers la surface de coupe de l'outil de coupe, comme illustré à la figure 1c. Pour le MQL, l'huile de coupe CC22 HANGSTERFER'S lubrifiant a été utilisé à 43 mL/h et 5 bars de pression d'air. La mise en œuvre de stratégies de refroidissement pendant le processus d'usinage est illustrée à la figure 7.1. Le liquide de refroidissement a été envoyé dans la zone de coupe à une pression de 15 bars. La pression du dioxyde de carbone était de 54 Bar.

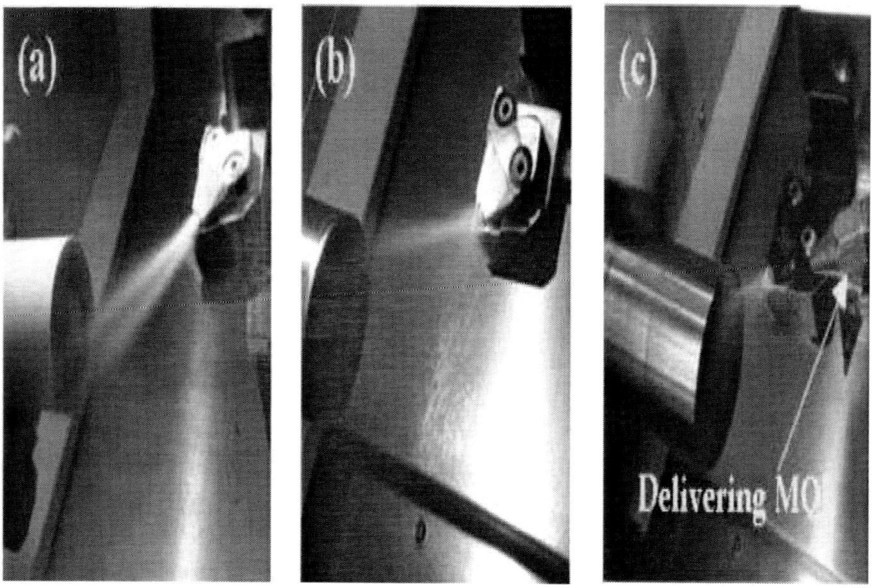

Graphique 7.1. Montage expérimental (a) délivrance de LN2 ; (b) CO2 provenant du râteau et des faces de flanc ; (c) CO2 provenant du râteau et des faces de flanc et MQL provenant de la face du râteau

7.2 Résultats et discussion

L'usure des flancs est le premier paramètre pris en compte pour décider si la durée de vie d'un outil de coupe a atteint sa fin. C'est pourquoi, dans toutes les études relatives à l'usure, l'usure des flancs doit être prise en compte. Ce travail expérimental se concentre sur les effets des conditions de coupe sur l'usure progressive des flancs. La figure 7.2 montre la progression de l'usure des flancs dans quatre conditions différentes, à savoir l'usinage à sec, l'usinage cryogénique assisté au dioxyde de carbone, l'usinage assisté au MQL et au dioxyde de carbone et l'usinage cryogénique à l'azote liquide. L'effet des conditions de coupe sélectionnées sur l'usure progressive des flancs est évident. Il est à noter qu'à mesure que la longueur de coupe augmente, la longueur de coupe augmente également.

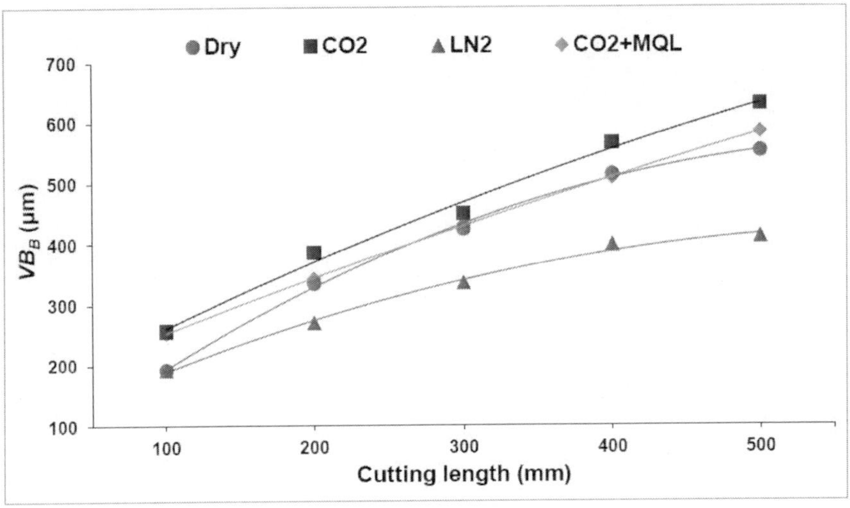

Figure 7.2 Progression de l'usure des flancs en fonction de diverses conditions.

Dans le procédé d'usinage cryogénique assisté au dioxyde de carbone, l'usure des flancs mesurée après 100 mm

La longueur de coupe était de 257 micromètres et de 631 micromètres après 500 mm de longueur de coupe, comme le montre la figure 7.2 De ces valeurs mesurées, on peut conclure que, parmi ces trois conditions, l'usinage cryogénique assisté au dioxyde de carbone génère le plus fort taux d'usure des flancs. La livraison de MQL avec du dioxyde de carbone n'a pas beaucoup aidé à réduire l'usure des flancs. L'usure du flanc mesurée après 100 mm de longueur de coupe dans le processus d'usinage à sec était d'environ 190m, et elle était d'environ 550m.

après 500 mm de longueur de coupe. Ces valeurs sont très inférieures au taux d'usure des flancs obtenu par usinage cryogénique assisté au dioxyde de carbone. Le plus faible taux d'usure des flancs a été obtenu par usinage cryogénique à l'azote liquide, où il était de 412 _m après une longueur de coupe de 500 mm, comme le montre la figure 7.2. Des images d'usure progressive des flancs lors de l'usinage cryogénique à sec assisté par dioxyde de carbone, de l'usinage cryogénique assisté par MQL et dioxyde de carbone et de l'usinage cryogénique assisté par azote liquide sont présentées à la figure 7.3 La différence entre l'usinage à l'azote liquide

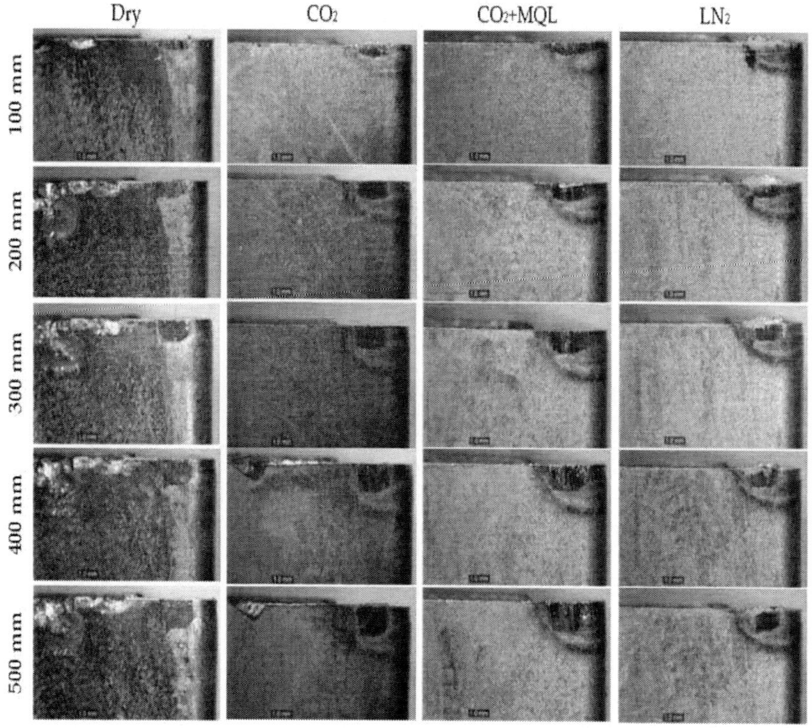

Figure 7.3 Images d'usure progressive des flancs dans diverses conditions d'usinage.

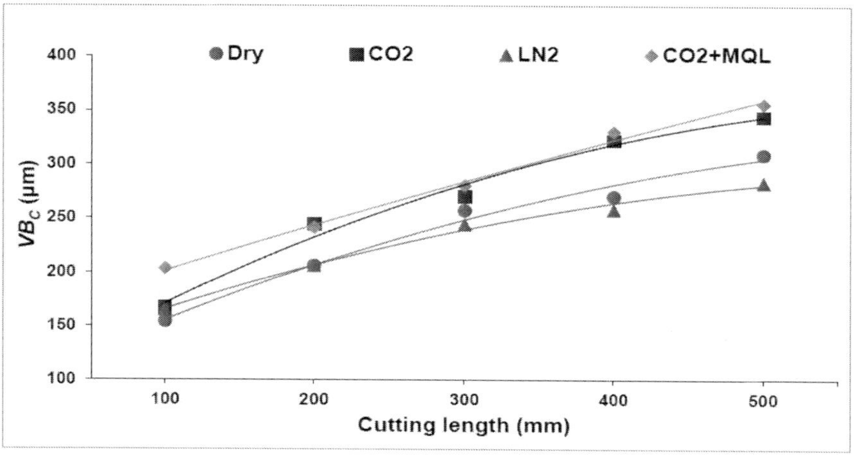

Graphique 7.4. Evolution de l'usure du nez en fonction des différentes conditions d'usinage.

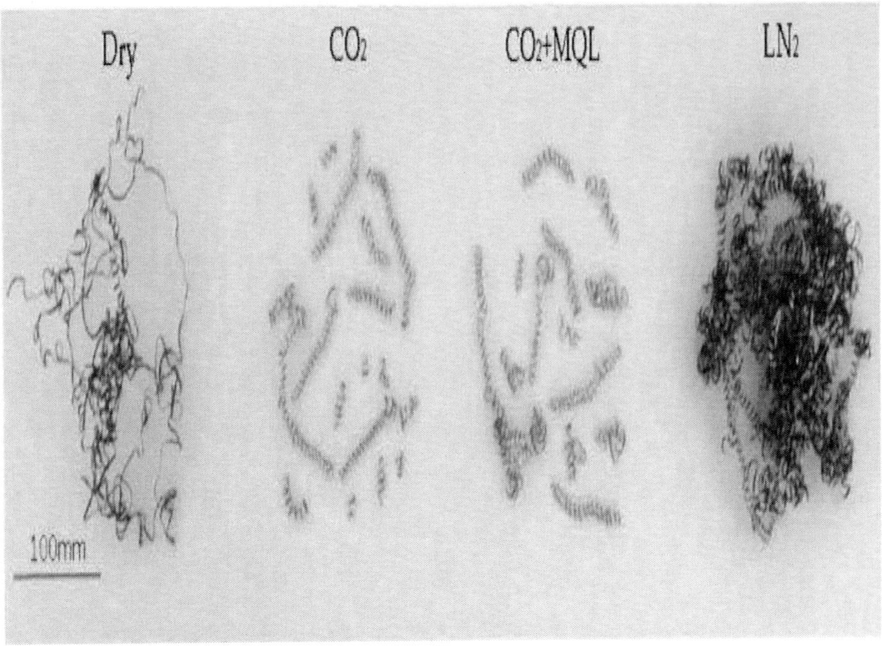

Figure 7.5 Images des copeaux générés dans des conditions d'usinage à sec, au dioxyde de carbone (CO2), au CO2+MQL et à l'azote liquide (LN2)

Les copeaux générés pendant le processus d'usinage dans des conditions de coupe données peuvent être vus à la figure 7.5 Alors que les copeaux ne sont pas brisés dans l'usinage cryogénique à sec et à l'azote liquide, les copeaux sont brisés dans l'usinage cryogénique assisté au dioxyde de carbone. L'usinage cryogénique assisté par MQL et dioxyde de carbone permet également de briser les copeaux générés en produisant des copeaux similaires à ceux du CO2.

Les dommages dus à l'écoulement des copeaux sont le résultat de copeaux continus dans l'usinage à sec ; cependant, dans l'usinage assisté par dioxyde de carbone, le sens d'écoulement des copeaux devrait être la principale raison de l'apparition des dommages dus à l'écoulement des copeaux. Les copeaux nouvellement générés s'écoulent à travers l'arête de coupe. Les éclats frappent et cassent le bord tranchant pendant l'écoulement.

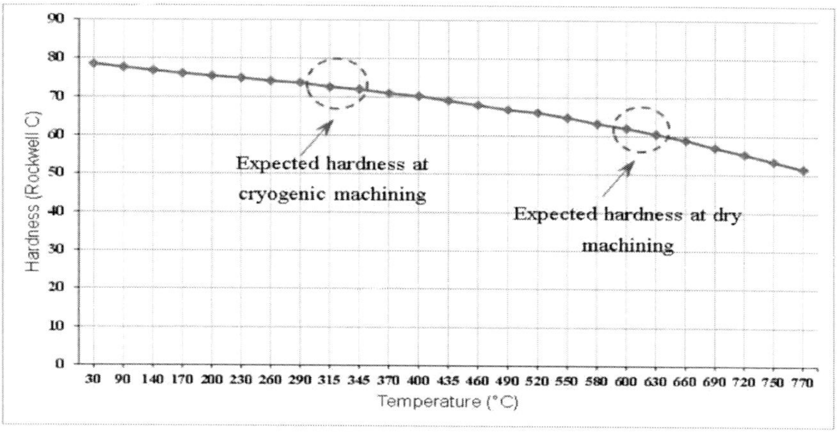

Figure 7.6 Rapport température / dureté de l'outil de coupe en carbure de tungstène, adapté de Groover up edge (BUE)

est un phénomène courant observé dans les deux conditions de refroidissement. Comme le montre la figure 7.7, aucun bord accumulé n'a été observé lors de l'usinage à sec. Cependant, la figure 7.8 montre que l'arête de coupe s'est formée lors de l'usinage cryogénique assisté au dioxyde de carbone après une longueur de coupe de 500 mm. Il est évident, d'après les images de microscopie optique, que le bord accumulé s'est également produit dans l'usinage cryogénique assisté par azote liquide.

En plus de la formation de bords, il est évident que dans le processus d'usinage à sec, il se produit un martelage des copeaux (endommagement par l'écoulement des copeaux). Dans le processus d'usinage cryogénique assisté au dioxyde de carbone, le martelage des copeaux se produit après une longueur de coupe de 300 mm. Les dommages causés par l'écoulement des copeaux après une longueur de coupe de 500 mm dans l'usinage à sec et à l'aide de dioxyde de carbone sont illustrés à la figure 10. Comparé à l'usinage cryogénique assisté par dioxyde de carbone, les dommages dus à l'écoulement des copeaux dans l'usinage à sec sont extrêmement importants.

La surface d'usure du cratère résultant de l'usinage à sec était de 1,43 mm2, d'environ 1,28 mm2 pour l'usinage cryogénique assisté au dioxyde de carbone, d'environ 1,13 mm2 pour l'usinage cryogénique assisté au MQL et au dioxyde de carbone et de 1,21 mm2 pour l'usinage cryogénique à l'azote liquide. Les résultats expérimentaux présentés dans cette étude montrent une différence évidente entre les procédés d'usinage à l'azote liquide et au dioxyde de carbone en termes de taux d'usure progressive, particulièrement lorsque l'on tient compte de l'usure des flancs et du nez. Dans des conditions de refroidissement cryogénique, le mécanisme d'usure dominant observé était l'usure par abrasion, des rainures parallèles étant observées à travers la surface du flanc. Ce mécanisme d'usure est le plus courant dans le processus d'usinage des matériaux durs. De plus, l'usure par diffusion domine la progression de l'usure au cratère dans toutes les conditions, comme le montre la figure, et est également un mécanisme d'usure typique lorsque la température est élevée à l'interface de la puce à outils pendant l'usinage des métaux durs.

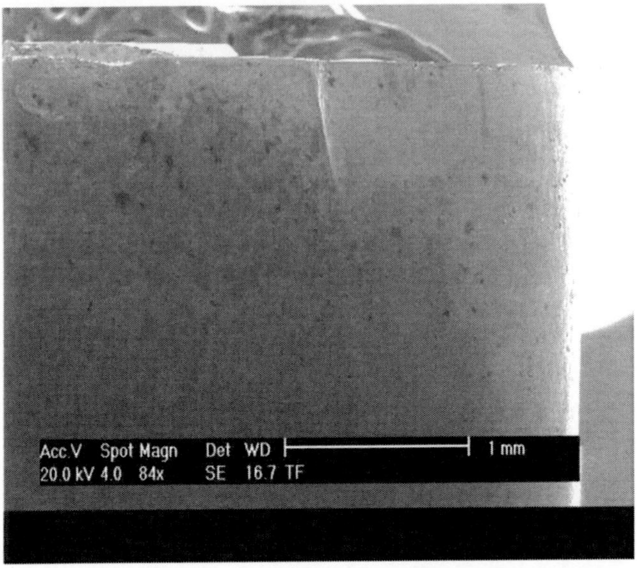

Graphique 7.7. Images SEM de la plaquette utilisée pour la découpe à sec.

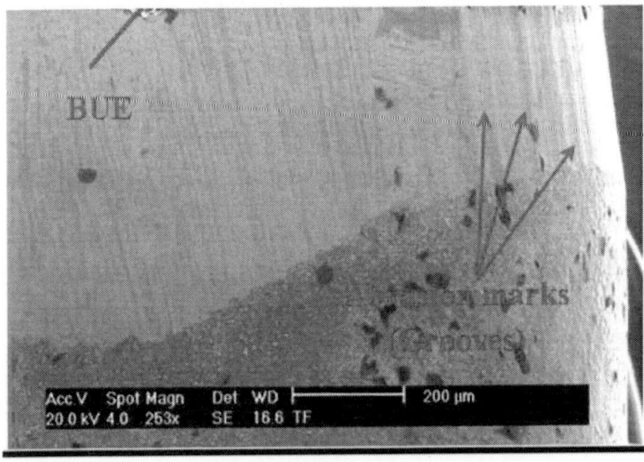

Figure7.8 Images MEB de la plaquette utilisée dans l'usinage cryogénique assisté par dioxyde de carbone.

Figure 7.9. Images des dommages causés par l'écoulement des copeaux après une longueur de coupe de 500 mm.

Cette étude expérimentale présente la progression de l'usure de l'outil dans le processus de tournage de l'acier AISI 4140 dans l'usinage cryogénique assisté au dioxyde de carbone, assisté au dioxyde de carbone et au MQL, et assisté à l'azote liquide, et présente une comparaison de ces résultats avec les résultats obtenus lors de l'usinage à paramètres constants. Cette étude montre que l'usinage cryogénique à l'aide de dioxyde de carbone entraîne l'usure la plus importante par rapport à l'usinage à sec et à l'azote liquide, en ce qui concerne la progression de l'usure des flancs et du nez. De plus, lorsque la lubrification en quantité minimale était fournie en même temps que la lubrification au dioxyde de carbone, l'usure de l'outil, y compris le nez et le flanc, était beaucoup plus importante que lors de l'usinage à sec. Il a également été observé que dans le processus d'usinage de ce matériau à une vitesse de coupe de 80 m/min, l'arête se forme dans les deux conditions de refroidissement cryogénique. Dans les quatre conditions de coupe, les dommages dus à l'écoulement des copeaux ne se produisent que lors de l'usinage à sec. Compte tenu des résultats actuels, l'usinage au dioxyde de carbone n'est pas recommandé pour l'usinage de l'acier AISI 4140 dans les paramètres de coupe sélectionnés.

CHAPITRE 8 : AVANTAGES ET LIMITES

8.1 Avantages

8.1.1.1 Effet de refroidissement/de lubrification du fluide cryogénique

L'efficacité de l'usinage cryogénique des matériaux pourrait être évaluée par l'efficacité du refroidissement et de la lubrification. Dans le méta-coupage, la plus grande partie de la chaleur est générée par le frottement, de sorte que la nature du mécanisme de glissement présent consomme une grande partie de l'énergie.donc plus le frottement est élevé, plus la force de coupe requise pour le coupage est élevée.donc une lubrification efficace avec refroidissement exige que le fluide cryogénique soit fourni dans toutes ces conditions pour que l'usinage cryogénique soit une technique efficace de fabrication. Les fluides cryogéniques réduisent le frottement en modifiant les propriétés des matériaux, l'effet hydrodynamique et l'intégrité de surface. Modifie les propriétés de l'outil de coupe telles que la dureté pour diminuer le coefficient de frottement[11].

8.1.2 Amélioration de la formation des copeaux

Avec l'augmentation de la vitesse de coupe, de longs copeaux continus sont produits lors de l'usinage des métaux. Dans l'état ci-dessus, la présence de fluide cryogénique permet d'améliorer la rupture des copeaux au moyen de[11].

- Augmentation de la fragilité des copeaux
- Réduction de la zone de déformation secondaire qui se produit à la surface inférieure du copeau qui frotte la face de la crémaillère de coupe
- Réduction de la longue traîne dans la structure granulaire de l'acier
- Éviter le soudage et la recristallisation des copeaux

8.1.3 Diminution de la formation de BUE

Frottement élevé entre l'outil de coupe et la puce, spécialement pour les matériaux ductiles. Le soudage des copeaux a lieu à l'outil, ce qui entraîne une formation continue de BUE. Ainsi, l'outil devient instable et tombe en panne. Ceci est diminué par le fluide cryogénique car la formation de BUE à très basse température est évitée[11].

8.1.4 Amélioration de la durée de vie des outils

Le refroidissement cryogénique améliore considérablement la durée de vie de l'outil en cas d'inondation ou de fonctionnement à sec. Rendement attribué principalement à l'augmentation de la dureté de l'outil de coupe et à l'efficacité de l'évacuation de la chaleur ; augmentation de la ténacité également observée comme effet secondaire[8].

8.1.5 Augmentation de l'état de surface

L'effet du refroidissement cryogénique avec différentes positions de la buse sur l'état de surface n'est pas très significatif. Le refroidissement cryogénique d'une part réduit l'usure de l'outil et le frottement du flanc avec la surface de travail qui devrait produire une meilleure surface. D'autre part, en raison du refroidissement, la dureté du matériau de travail augmente, ce qui entraîne une augmentation de la force de coupe et des vibrations qui produisent une surface plus pauvre. L'usinage cryogénique permet d'augmenter l'état de surface du matériau[7].

8.1.6 Respect de l'environnement

Les huiles solubles sont le liquide de refroidissement d'usinage le plus couramment utilisé dans l'usinage des métaux aujourd'hui. Il s'agit d'un mélange d'huiles, de lubrifiants d'appoint, d'émulsifiants, d'additifs pour lubrifiants sous pression extrême, d'inhibiteurs de rouille, d'agents antimousse et de biocides. Cependant, ces biocides concentrés sont des additifs très coûteux et extrêmement dangereux. Ils sont difficiles à contrôler en toute sécurité et peuvent rendre l'élimination finale du liquide de refroidissement encore plus coûteuse. L'usinage cryogénique, qui utilise de l'azote liquide (LN2) comme liquide de refroidissement, est considéré comme une option viable à l'usinage classique. Avec une température aussi basse que -196°C à 1 atm, le super froid LN2 est un bon liquide de refroidissement. Après avoir absorbé la chaleur du processus de découpe, il s'évapore en azote gazeux et devient une partie de l'air (79% de l'air est de l'azote). Il ne laisse aucun résidu nocif pour l'environnement. Il est donc considéré comme naturellement recyclable et respectueux de l'environnement[11].

8.1.7 Les matériaux durs peuvent être travaillés à la machine

Cette méthode peut être utilisée pour usiner des matériaux durs comme les alliages de titane, les alliages de tungstène. Outil polycristallin en nitrure de bore cubique (PCBN), les alliages de titane, les alliages Inconel et le tantale avec des outils en carbure cémenté.

8.2 Limites

8.2.1 Exigences relatives au liquide de refroidissement cryogénique

Dans l'usinage cryogénique, il est nécessaire d'utiliser un liquide de refroidissement cryogénique qui augmente le coût du système. Mais en observant les avantages, il n'est pas si coûteux

8.2.2 Une conception spéciale du système de buses nécessite

Ce système d'usinage nécessite des buses spécialement conçues pour appliquer le jet de fluide cryogénique sur les outils ou les zones d'usinage.

CHAPITRE 9 : APPLICATIONS

9.1 Usinage de matériaux difficiles à découper

Technique de circulation d'azote liquide de refroidissement sur l'outil pour réduire les températures de coupe lors du tournage de matériaux avancés. Les matériaux d'ingénierie avancés, tels que les céramiques structurelles, les alliages de titane, les alliages d'inconel et le tantale offrent une combinaison unique de matériaux pro comme la haute résistance à des températures élevées, la résistance à la dégradation chimique et la résistance à l'usure. Par conséquent, ces matériaux avancés sont utilisés dans la fabrication de composants pour l'aérospatiale, l'électronique, la défense, le papier et la pâte à papier, le traitement chimique, l'élimination des déchets nucléaires, les services dentaires, orthopédiques et d'eau de mer.

Le système fournit un effet de refroidissement plus fort et beaucoup plus stable sur l'insert. La rugosité de surface de tous les matériaux usinés avec refroidissement LN2 s'est avérée bien meilleure que celle des matériaux usinés sans refroidissement LN2 après la même longueur de coupe. Le refroidissement cryogénique est donc utilisé pour usiner des matériaux durs et ces matériaux durs sont utilisés pour fabriquer des composants de :[2].

- Industrie aérospatiale
- Industrie électronique
- Militaire et défense
- Industrie du papier et de la pâte à papier
- Installations de traitement chimique
- Élimination des déchets nucléaires
- Applications dentaires et médicales
- Services d'eau de mer.

CHAPITRE 10 : CONCLUSION

L'usinage cryogénique est une technologie ou une méthode d'usinage efficace pour les matériaux difficiles à usiner comme les céramiques structurelles, les alliages de titane, les alliages d'inconel et le tantale qui ne sont pas facilement usinés avec les procédés d'usinage conventionnels. L'usinage cryogénique permet d'augmenter la durée de vie de l'outil en réduisant l'usure de l'outil, la bonne intégrité de surface et les caractéristiques de surface. En choisissant la méthode appropriée, nous pouvons l'utiliser pour un bon usinage du matériau, la conception du système est simple dans la construction. Il permet d'obtenir une plus grande vitesse d'usinage.

L'usinage cryogénique est un procédé d'usinage respectueux de l'environnement, avec de bonnes caractéristiques du matériau et une meilleure durée de vie de l'outil ; il n'a pas d'effet nocif sur l'environnement. Il n'affecte pas la santé humaine en tant que fluide de coupe conventionnel. Il fournit un meilleur effet de refroidissement et améliore la capacité d'usinage de l'outil.

RÉFÉRENCES :

1. Gunjan Agrawal, M. K. Khare, "Material and Energy Wastes Minimization in a Machining System : A Review", Journal of Engineering Material and Environmental Science, vol. 4, 2013, pp. 251-256.

2. Z.Y. Wang a, K.P. Rajurkar, "Cryogenic Machining of Hard-to-cut Materials", Journal of Wear, Elsevier publication, vol. 239, 2000, pp.168-175.

3. Shokrani, V. Dhokia, S.T. Newman, "Environmentally Conscious Machining of Difficult-to-machine Materials with Regard to Cutting Fluids". International Journal of Machine Tools and Manufacture, vol. 57, p. 83-101.

4. Shane Y. Hong, Mark Broomer, "Economical and ecological cryogenic machining of AISI 304 austenitic stainless steel" journal of Clean Products and Processes, vol. 2, 2000, pp.157-166.

5. R.P. Daisley, B.V. Chowdary, "Investigations into Grinding under Cryogenic Cooling", International Latin American and Caribbean Conference for Engineering and Technology, 21-23 June 2006, Mayagüez, Puerto Rico.

6. W. Grzesik, K. zak, M. Prażmowski, B. Storch, T. Pałka, "Effects of Cryogenic Cooling on Surface Layer Characteristics Produced by Hard Turning", Journal of Archives of Material Science and Engineering,vol. 54, mars 2012, pp. 5-12.

7. A.A. Khan, M.Y. Ali, M.M. Haque, "A New Approach of Applying Cryogenic Coolant in Turning AISI 304 Stainless Steel", International Journal of Mechanical and Materials Engineering, vol.5, 2010, pp. 171-174.

8. Ranjit Ghosh, Zbigniew Zurecki, John H. Frey, "Cryogenic Machining Brittle Tools and Effects on Toollife", ASME International Mechanical Engineering Congress and Exposition, novembre 2003, IMECE 2003-42232.

9. Franci Pusavec, Janez Kopac, "Sustainability Assessment : Cryogenic Machining of Inconel 718", Journal of Mechanical Engineering, vol.57, 2011, pp. 637-647.

10. S.W.M.M.A.I. Senevirathne, M.A.R.V. Fernando, "Effect of Cryogenic Cooling on Machining Performance on Hard to Cut Metals - A Literature Review".

11. National Engineering Conference 2012, 18th ERU Symposium, Faculty of Engineering, University of Moratuwa, Sri Lanka.

12. Franci Pusavec, Janez Kopac, " Achieving and Implementation of Sustainability Principle in Machining Processes ", Journal of Advances in Production Engineering and Management, vol.4, 2009, pp. 151-160.

13. Yildiz, Y., Nalbant, M., A review of cryogenic cooling in machining processes, Int. J. Mach. Outils Manuf. 48, 2008, p. 947-964.

14. Shokrani, A., Dhokia, V., Muñoz-Escalona, P., Newman, S.T., Usinage et traitement cryogénique de pointe, Int. J. Comput. Intégrale. Manuf. 26 2013, p. 616-648.

15. Pušavec, F., Hamdi, H., Kopač, J., J., Jawahir, IS. Intégrité de surface dans l'usinage cryogénique de l'alliage à base de nickel-Inconel 718. J. Mat. Proc. Tech 211, 2011, p. 773-783.

16. Umbrello, D, Pu, Z., Caruso, S., Outeiro, J. C., Jayal, A. D., Dillon Jr., O. W, Jawahir, I. S., The effects of Cryogenic Cooling on Surface Integrity in Hard Machining, Procedia Engineering 19, 2011,p. 371-376.

17. Aurich, J., Mayer, P., Kirsch, B., Eifler, D., Smaga, M., Skorupski, R., Characterization of deformation induced surface hardening during cryogenic turning of AISI 347, CIRP Annals 63, 2014, p. 65-68.

18. Pušavec, F., Kopač, J., Sustainability assessment : Usinage cryogénique de l'Inconel 718. Journal of Mechanical Engineering 2011 ; 57 : p. 637-647.

19. Cordes, S., Hübner, F., Schaarschmidt, T., Next Generation High Performance Cutting by Use of Carbon Dioxide as Cryogenics, Procedia CIRP 14, 2014, p. 401-405.

20. De plus, A.S. ; Jiang,W. ; Brown,W. ; Malshe, A.P. Tool wear and machining performance of cBN-TiN coated carbide inserts and PCBN compact inserts in turning AISI 4340 hardened steel. J. Mater. Processus. Technol. 2006, 180, 253–262.

21. Rahman Rashid, R. ; Sun, S. ; Wang, G. ; Dargusch, M. Machinability of a near beta titanium alloy. Méc. d'inst. proc. Ing. Partie B J. Ing. Manuf. 2011, 225, 2151-2162.

22. Kaynak, Y. ; Lu, T. ; Jawahir, I. Cryogenic machining-induced surface integrity : Un examen et une comparaison avec l'usinage à sec, MQL et refroidi par eau. Mach. Sci. Technol. 2014, 18, 149–198.

23. Ahmed, L.S. ; Govindaraju, N. ; Pradeep Kumar, M. Experimental investigations on cryogenic cooling in the drilling of titanium alloy. Mater. Processus de fabrication. 2016, 31, 603–607.

24. N.R. Prédiction de la rugosité de surface en tournage dur sous haute pression en utilisant le réseau neuronal artificiel. Mesure 2016, 92, 464-474.

25. Krolczyk, G. ; Nieslony, P. ; Maruda, R.;Wojciechowski, S. Dry cutting effect in turning of a duplex stainless

26. l'acier comme facteur clé dans la production propre. J. Propre. Art. 2017, 142, 3343-3354.

27. Mia, M. ; Dhar, N.R. Optimisation de la rugosité de surface et de la température de coupe dans le tournage dur à haute pression assisté par liquide de refroidissement selon la méthode Taguchi. Int. J. Adv. Manuf. Technol. 2017, 88, 739–753.

28. Shokrani, A. ; Dhokia, V. ; Munoz-Escalona, P. ; Newman, S. Usinage et traitement cryogénique de pointe. Int. J. Comput. Intégrale. Manuf. 2013, 26, 616-648.

29. Mia, M. ; Dhar, N.R. Influence of single and dual cryogenic jets on machinability characteristics in turning of Ti-6Al-4V. Méc. d'inst. proc. Ing. Partie B J. Ing. Manuf. 2017.

More Books!

yes

I want morebooks!

Buy your books fast and straightforward online - at one of world's fastest growing online book stores! Environmentally sound due to Print-on-Demand technologies.

Buy your books online at
www.morebooks.shop

Achetez vos livres en ligne, vite et bien, sur l'une des librairies en ligne les plus performantes au monde!
En protégeant nos ressources et notre environnement grâce à l'impression à la demande.

La librairie en ligne pour acheter plus vite
www.morebooks.shop

KS OmniScriptum Publishing
Brivibas gatve 197
LV-1039 Riga, Latvia
Telefax: +371 686 204 55

info@omniscriptum.com
www.omniscriptum.com

MIX
Papier aus verantwortungsvollen Quellen
Paper from responsible sources
FSC® C105338

Printed by Books on Demand GmbH, Norderstedt / Germany